MTS
예배 학교

교회성장연구소

인사말

우리는 각자의 고유한 이름을 가지고 있습니다. 동시에 우리에게는 공통으로 지녀야 할 또 다른 이름이 있습니다. 비로 '작은 예수' 입니다.

'작은 예수' , 이것은 우리의 정체성이자, 삶의 목표가 되어야 합니다. 예수님의 가르침이 우리의 입을 통해 전파되어야 하고, 예수님의 사랑이 내 손을 통해 나눔으로 이어져야 합니다. 예수님의 발자국이 우리가 가야 할 길이 되어야 하고, 예수님의 마음이 우리의 성품을 지배해야 합니다.

이 세대에 이러한 '작은 예수' 들이 절실히 필요합니다. 나부터 작은 예수가 되기를 소원해야 하고, 더불어 우리 모두가 작은 예수라는 공통된 이름을 가져야 합니다. 서로가 각기 다른 존재이지만 작은 예수라는 같은 이름으로 하나 될 때, 그리고 그 이름에 걸맞게 예수 향기를 이 세상에 발할 때, 하나님 나라는 더욱 아름답고 넓게 확장되어 갈 것입니다.

그렇다면, 어떻게 해야 작은 예수로서 살아갈 수 있을까요? 어떻게 해야 이 땅이 작은 예수들로 가득 넘칠 수 있을까요? 우리는 예수님의 사역에서 그 원리를 배울 수 있습니다. 예수님께서는 사랑하는 제자들을 세우셨고, 훈련시키셨습니다. 하나님의 뜻을 그들에게 가르치셨고 그 가르침대로 실천하게 하셨습니다. 그리고 무엇보다 그 훈련의 원리는 예수님께서 먼저 본이 되어 주시는 것이었습니다.

작은 예수들이 무수히 일어나기 위해서, 예수님께서 제자들에게 행하셨던 그 훈련이 우리 가운데 시작되어야 합니다. 이러한 비전을 품고 본격적으로 MTS 개정판을 출간하게 되었습니다. 특히 이번 개정판은 평신도 모두가 작은 예수화 되는 것을 목표로 삼고 있습니다. 머릿속에만 맴도는 지식 전수가 아니라, 삶의 변화를 이끄는 MTS를 기획하고 구성하게 된 것입니다.

MTS는 소그룹에서 활용하기에 더없이 유익한 교재입니다. 작은 예수가 되기 위한 핵심적인 내용을 소그룹 구성원과 함께 배우고 익힐 수 있습니다. 그리고 그 배움이 앎으로만 그치지 않고, 각자의 삶의 자리에서 열매 맺도록 도와줍니다. 함께 생각과 삶을 나누고 점검할 수 있는 기회를 마련해 주는 것입니다. MTS를 통한 교육과 훈련은 단지 공부가 아니라, 교제이자 선교이며 삶의 예배입니다.

또한 MTS는 총 10개의 학교로 진행됩니다. 이것은 평신도들이 균형 있는 신앙생활을 할 수 있도록 돕습니다. 예수님을 따르기 위해 필요한 핵심 사항들을 체계적으로 정리하여 편성하였기 때문에 누구나 쉽게 배우고, 익히고, 나눌 수 있습니다.

MTS 개정판을 통해 이 땅에 작은 예수가 더 많이 세워지기를 소망합니다. 그렇게 세워진 작은 예수들이 가정과 교회를 변화시키고, 더 나아가 우리 사회와 나라의 희망이 되기를 꿈꾸어 봅니다.

2012. 9

여의도순복음교회 담임목사 이 영 훈

들어가는 말

예배 학교는 예배의 본질을 회복하고 하나님께서 기뻐하시는 예배자로 나아가기 위한 과정입니다. 우리가 드리는 모든 예배가 하나님께 온전히 드려지고, 예배를 통해 우리의 삶과 세상이 변화되는 것을 목표로 삼습니다.

총 8과로 구성된 예배 학교는 세 단계로 분류됩니다. 첫 번째 단계는 예배에 대한 이해를 다지는 과정입니다. 예배가 과연 어떤 의미를 가지고 있으며 예배의 본질은 무엇인지에 대해서 살펴보게 됩니다. 또한 예배가 얼마나 중요하고 유익한지에 대해 정리하는 시간을 갖습니다. 이와 함께 성경에 등장한 예배를 살펴보게 됩니다. 성경을 통해 예배를 나타내는 용어들과 예배의 역사를 살펴보면서 성경적 예배가 회복되기를 소망해 봅니다.

두 번째로는 예배를 구성하는 모든 것들이 하나님께 영광이 될 수 있도록 예배의 요소들을 하나하나 살펴보는 시간을 갖습니다. 찬양과 기도, 말씀과 성례전, 헌신과 교제, 이 모두가 예배의 자리에서 하나님께 온전히 올려질 수 있도록 점검해 보고 그 본질을 배우는 시간을 갖게 됩니다.

세 번째로는 예배자는 어떤 자세를 갖고 어떤 준비를 해야 하는지, 또한 예배가 삶으로 이어지기 위해서는 어떻게 해야 하는지 배우게 됩니다. 그리하여 예배가 교회 안에서의 일로 그치는 것이 아니라, 삶의 전반에 흐를 수 있도록 돕습니다.

예배 학교 과정을 통하여 우리 모두가 하나님께서 기뻐 받으시는 산 제사를 드리고, 우리 자신이 산 제물이 되기를 기대합니다. 더 나아가 한국 교회에 예배의 회복이 일어나고, 예배를 통해 하나님과 더욱 깊이 만날 수 있기를 소망해 봅니다.

MTS를 소개합니다

1. MTS 소개

| 목적 |

- MTS는 SFS(Spiritual Formation Series – 영적 성장 시리즈)로서, 평신도를 작은 예수의 삶을 사는 사역자로 세우는 시스템입니다.
- 평신도 사역자를 체계적으로 양육할 수 있는 시스템을 교회에 제공합니다.

| 특징 |

- MTS(Ministry Training School, 평신도 사역자 훈련 학교)는 평신도를 작은 예수의 삶을 살도록 하기 위해서 제자 훈련, 셀 그리고 멘토링과 코칭의 원리를 통합적으로 접목한 훈련 시스템입니다.
- 약 2년이라는 단기간에 10가지 과정을 훈련함으로써 사역에 필요한 사명과 자질을 준비할 수 있습니다.

| 실행 및 운영 |

- 인원은 개 교회에 따라 대략 다음과 같이 구성할 수 있습니다.

규모	인원
소형 교회	5-10명
중형 교회	10-20명
대형 교회	20-40명

- 대그룹 모임과 소그룹 모임이 필요한데, 대그룹 모임은 전체 인원이 함께 모입니다. 소그룹 모임은 한 그룹 당 5-7명씩 묶습니다.
- 모임은 주제 강의, 소그룹 토론 및 기도회 등으로 이루어집니다.
- 약 2년 과정을 마친 사람들을 다양한 사역 현장으로 파송합니다.

| 구성 |

- 먼저 **정규 과정**은 작은 예수의 삶을 살기 위한 '그리스도 알아가기, 따라하기, 섬기기'라는 목표 아래 평신도를 사역자로 세우는 과정입니다.
- 또한 **특별 과정**은 정규 과정을 이수한 사람들이 실제적인 삶에서 작은 예수로 성장하도록 돕기 위한 심화 과정입니다.

2. MTS 약자의 의미

| 명칭 |

Ministry 사역자
Training 훈련
School 학교

| 역할 |

Mentoring or Modeling 가르치는 자의 역할
Training 배우는 자의 역할
Systematizing 시스템을 통해 운영

| 단계 |

Making Believers 신자화
Training as Disciples 제자화
Serving as Workers 사역자화

3. 정규 과정의 구성 및 기간

1) **신자화 과정** : 그리스도 알아가기
   신앙 입문 학교(4주)

2) **제자화 과정** : 그리스도 따라가기
   성경 가이드 학교(8주) – 큐티 학교(4주) – 예배 학교(8주) – 성령 학교(8주) / 성령축제(인텐시브 코스)

3) **사역자화 과정** : 그리스도 섬기기
   소그룹 리더 학교(8주) – 전도자 훈련 학교(8주) – 새가족 양육자 학교(8주) – 가정 행복 학교(8주) – 기도 학교(8주) / 성령축제(인텐시브 코스)

4. 특별 과정의 구성

특별 과정은 일정한 순서가 정해져 있지 않습니다. 일반 과정을 수료한 사람 혹은 교회의 필요에 따라 원하는 학교를 교육받을 수 있습니다.

MTS 특별 과정	• 교회 성장 학교 • 부흥 학교 • 주일 교사 학교 • 사랑 받기 위해 태어난 사람 • 셀프 리더십 학교 • 리더십 개발 학교 • 4차원의 영성 리더십 학교 • 4차원의 영성 중보 기도 학교 • 4차원의 영성 전도 학교 • 4차원의 영성 학교 • 영적 교제 학교 • 찬양 학교 • 하나님의 소명 학교 • 가정 성장 학교 • 결혼 예비 학교 • 자녀 양육 학교 • 크리스천 웰빙 학교 • 크리스천 재정 학교 • 사회 봉사 학교 • 대화 학교

5. MTS 모임 형태와 순서의 예시

※ 예시 자료이므로, 각 교회의 상황에 맞게 바꿔서 활용할 수 있습니다.

시간	순서	담당자	진행방법
6:30 – 6:50	찬양	봉사자들	찬양으로 모임을 시작합니다.
6:50 – 7:00	기도	봉사자들	강의 시작 전 함께 기도합니다.
7:00 – 7:30	주제 강의	담임 목회자	30분 동안 교재의 내용을 쉽고 재미있게 강의 형태로 진행합니다.
7:30 – 7:40	티타임	봉사자들	소그룹별로 흩어지는 과정에서 잠시 교제하며 차를 마십니다.
7:40 – 8:20	소그룹 모임	소그룹 리더	4W : Welcome(아이스브레이크), Word(주제 강의 반복), Witness(삶의 나눔), Work of Prayer(기도 사역). ※ 목회자는 매주 1개 그룹씩 돌아가면서 참석합니다.
8:20 – 8:40	대그룹 기도회	담임 목회자	담임 목회자가 제시하는 기도제목이나 소그룹에서 나온 중보 기도제목을 놓고 함께 기도하고 마무리합니다.

6. MTS 일정

※ 한 과정별로 다음과 같이 진행되며, 8주가 끝나면 워크샵을 진행합니다(4과까지 있는 교재는 4주에 마치게 됩니다).

주	1주	2주	3주	4주	5주	6주	7주	8주	
교재	1과	2과	3과	4과	5과	6과	7과	8과	워크샵
과별 사역	각 과에 필요한 과 외 프로그램을 그때마다 진행합니다.								

※ 워크샵은 다음과 같이 진행할 수 있습니다(당일, 1박 2일, 2박 3일의 세 가지 프로그램 종류가 있습니다. 교회 상황에 맞게 선택한 후, 유동성 있게 조정하여 운영합니다. 1박 2일, 2박 3일 프로그램은 「실행 매뉴얼」에 제시됩니다).

| 워크샵 당일 프로그램 |

시간	순서	진행방법
10:00 – 10:50	예배	한 학교를 끝내게 된 것에 대해 감사예배를 드립니다. 찬양을 10분 정도 드린 후, 약 40분 정도 예배를 드립니다.
10:50 – 11:00	휴식 및 광고	잠시 쉬면서 오늘 일정에 대해 광고합니다.
11:00 – 12:00	1차 복습(1–4과)	한 과당 15분 정도로 복습합니다. 배운 핵심 내용을 완벽하게 익힐 수 있게 합니다.
12:00 – 1:00	식탁 교제	함께 식사하며 교제를 나눕니다.
1:00 – 1:30	휴식 및 찬양	식사 후 잠시 휴식시간을 갖고 오후 일정에 들어가기 10–15분 전부터 찬양을 시작합니다. 찬양과 함께 다음 순서를 시작합니다.

1:30 - 2:30	2차 복습(5-8과)	한 과당 15분 정도 복습 시간을 갖습니다. 배운 핵심 내용을 완벽하게 익힐 수 있게 합니다.
2:30 - 2:40	휴식	소그룹 모임을 위해 자리 이동을 합니다.
2:40 - 4:00	소그룹 간증	배운 내용을 적용하고 실천하는 것과 관련하여, 소그룹 구성원끼리 간증을 나눕니다. 대그룹 간증 시간에 대표로 발표할 구성원을 선정합니다.
4:00 - 4:10	휴식	쉬면서 다시 대그룹 모임을 위해 자리 이동을 합니다.
4:10 - 5:30	대그룹 간증	소그룹의 대표가 나와서 소그룹 간증 때 나누었던 간증을 발표합니다. 소그룹 내에서만 나누었던 간증을 모두가 함께 공유할 수 있습니다. 이때 발표만 할 것이 아니라, 질문이나 조언 등도 함께 나눌 수 있게 합니다.
5:30 - 7:00	식탁 교제(파티)	점심때보다 긴 시간을 할애하여 파티를 엽니다. 한 학교를 마치는 동안 수고한 것을 서로 격려하는 자리를 갖습니다.
7:00 - 8:00	결단의 시간 및 예배	마무리하는 예배를 드리고 예배 끝 부분에 결단의 시간을 갖습니다. 결단 목록을 미리 준비하여 함께 읽는 시간을 갖습니다. 결단 목록은 실행 매뉴얼에 제공됩니다.

MTS 개정판 매뉴얼

오늘 우리는...	**이 과의 전체 학습 목표와도 같습니다.** 이 과를 통해 궁극적으로 알아야 할 것이 무엇인지를 먼저 파악할 수 있게 합니다.
마음 문 열기	**이 과의 학습 내용과 관련된 예화가 제시됩니다.** 이어질 학습 내용을 이야기를 통해 먼저 쉽게 접할 수 있습니다.
여기서 잠깐	**예화를 읽고 나서 생각을 스스로 점검할 수 있게 해주는 질문이 마련되어 있습니다.** 잠깐의 묵상을 통해 좀 더 진지하게 학습 내용에 임할 수 있게 합니다.
배움과 익힘	**본격적인 학습 내용이 제시되어 있는 공간입니다.** 중제목(1, 2, 3...)과 소제목(가, 나, 다...) 틀 안에 반드시 알아야 할 내용이 정리되어 있기 때문에 누구나 쉽게 학습할 수 있습니다. 또한 학습 내용을 뒷받침해 주는 성구들이 삽입되어 있습니다.
더불어 나눔	**이 과를 공부하고 난 후, 소그룹 구성원과 나눌 수 있는 질문과 묵상 및 결단들이 제시되어 있습니다.** 배운 내용을 토대로, 혹은 각자의 경험에 기반하여 솔직하게 대화할 수 있습니다.
마음 밭에 심기 **- 주제 말씀 암송**	**배움과 익힘에 나온 여러 성구 중, 대표적이면서도 특별히 기억하면 좋은 성구가 제시되어 있습니다.** 주제 말씀 암송과 더불어 말씀대로 실천하고자 노력한다면 이 과를 더욱 풍성히 삶에 적용할 수 있을 것입니다.
마음에 새기기	**이 과에서 다루어진 내용을 최종적으로 점검할 수 있는 공간입니다.** 배움과 익힘의 내용이 중제목, 소제목별로 한 두 문장씩 정리가 되어 있기 때문에 복습하기에 유리합니다.
참고문헌 및 추천도서	**참고했던 도서와 추가로 참고하면 좋은 도서들이 제시되어 있습니다.** 개인적으로 공부를 더 하고자 할 때 도움이 됩니다.

Contents

제1과

예배에 대한 이해

오늘 우리는...

- **이 과를 통해, 예배의 의미와 본질에 대해서 알게 됩니다.**
- **이 과를 통해, 예배가 왜 중요하고 우리에게 어떤 유익을 주는지 알게 됩니다.**

마음 문 열기

1934년 가을, 열여섯 살의 소년이 부흥집회에 참석하였습니다. 그때까지만 해도 소년은 평범하게 학교를 다니며 장난치기를 좋아하는 전형적인 시골 소년이었습니다. 그러나 그날 예배에서 소년은 하나님을 만나 자신을 돌아보게 되었고, 자신이 하나님 앞에 죄인이며 스스로의 힘으로는 죄의 문제를 해결할 길이 없다는 것을 발견하였습니다. 이 진리를 깨달았을 때, 그는 그 자리에서 예수 그리스도께 모든 짐을 내려놓고 그의 전 생애를 드렸습니다.

그 후 소년의 삶은 완전히 변화되었습니다. 긍정적이고 적극적인 사람이 되었고, 감사와 기쁨이 넘쳤습니다. 날로 성숙해 져서 그의 성품에는 예수님의 형상이 나타나게 되었습니다. 그리고 자기가 만난 예수님을 이곳저곳 다니면서 많은 사람에게 전했습니다. 이 소년의 이름이 바로 '빌리 그레이엄'입니다.

여기서 잠깐

우리 인생에 예배가 없었다면,
지금 우리의 삶은 과연 어땠을까요?

1. 예배의 의미

가. 하나님과의 만남

예배는 하나님의 백성이 창조주이시고 구원자이신 하나님을 만나는 것입니다. 우리가 하나님께 찬양과 기도를 올려 드리고 말씀을 듣는 것 모두가 거룩한 하나님과의 영광스러운 만남입니다.

> 내가 거기서 이스라엘 자손을 만나리니
> 내 영광으로 말미암아 회막이 거룩하게 될지라 출애굽기 29:43

나. 하나님을 향한 응답

예배는 하나님의 인격과 사역을 향한 우리의 적극적인 반응, 즉 하나님을 높이는 것입니다. 하나님이 누구이시며 그리스도 안에서 무엇을 행하셨는가를 깨달은 사람들은 기쁨과 감사, 찬양과 헌신을 통해 하나님께 나아갑니다.

여호와(야훼)여 위대하심과 권능과 영광과 승리와 위엄이
다 주께 속하였사오니 천지에 있는 것이 다 주의 것이로소이다
여호와(야훼)여 주권도 주께 속하였사오니
주는 높으사 만물의 머리이심이니이다
부와 귀가 주께로 말미암고 또 주는 만물의 주재가 되사
손에 권세와 능력이 있사오니 모든 사람을 크게 하심과 강하게 하심이
주의 손에 있나이다 우리 하나님이여 이제 우리가 주께 감사하오며
주의 영화로운 이름을 찬양하나이다 역대상 29:11-13

2. 예배의 본질

가. 하나님께 드리는 예배

진정한 예배의 시작은 예배의 대상을 분명히 하는 것입니다. 우리는 오직 한 분, 하나님께만 예배를 드려야 합니다. 만일 예배의 대상이 하나님이 아니라면 그것은 우상숭배에 지나지 않습니다.

사람들은 일반적으로 '우상'이란 세상 사람들이 신으로 모시는 것들이라고 생각합니다. 그러나 교회에 다니면서도 우상숭배를 할 수 있습니다. 하나님을 예배한다고 하면서도 나 자신의 만족이나 내가 원하는 목적을 위해 예배를 드린다면, 그것 역시 우상숭배가 될 수 있습니다. 그러므로 우리는 온전히 하나님을 향해 예배하고 있는지 늘 점검해야 합니다.

네 하나님 여호와(야훼)를 경외하며 그를 섬기며
그의 이름으로 맹세할 것이니라 신명기 6:13

나. 예수님을 통해서 드리는 예배

인류는 죄를 범한 이후로 하나님 앞에 설 수 없게 되었습니다. 그런데 예수님께서 육신의 몸을 입고 이 세상에 오셔서 하나님과 인간 사이에 화해의 길을 내시고 잃어버린 예배를 회복시켜 주셨습니다. 우리는 예수 그리스도를 통해서 하나님께 나아갈 수 있습니다.

우리는 예배할 때마다 예수님이 베풀어 주신 구원의 은혜를 기억해야 합니다. 그래서 우리의 예배가 형식적인 것이 되지 않고 주님을 향한 찬양과 감사, 감격이 넘쳐나는 시간이 되어야 합니다.

우리가 마음에 뿌림을 받아 악한 양심으로부터 벗어나고
몸은 맑은 물로 씻음을 받았으니
참 마음과 온전한 믿음으로 하나님께 나아가자 히브리서 10:22

다. 성령님을 의지하여 드리는 예배

오늘날 다양한 형태의 예배가 드려지고 있지만 본질적으로 예배의 성공은 성령님의 역사하심에 달려 있습니다. 성령님께서는 우리가 하나님을 만나고 예수 그리스도를 믿도록 역사하실 뿐 아니라 우리를 예배로 인도하십니다.

그러나 진리의 성령이 오시면 그가 너희를 모든 진리 가운데로
인도하시리니 그가 스스로 말하지 않고 오직 들은 것을 말하며
장래 일을 너희에게 알리시리라 그가 내 영광을 나타내리니
내 것을 가지고 너희에게 알리시겠음이라
무릇 아버지께 있는 것은 다 내 것이라 그러므로 내가 말하기를
그가 내 것을 가지고 너희에게 알리시리라 하였노라 요한복음 16:13-15

라. 성경 말씀에 기초해 드리는 예배

성경에는 하나님이 기쁘게 받으시는 예배의 모든 원리가 소개되어 있습니다. 그러므로 모든 예배 순서는 성경적으로 타당한 근거를 가지고 있어야 하며, 예배자는 이것을 올바르게 이해하고 준수해야 합니다.

사람의 계명으로 교훈을 삼아 가르치니
나를 헛되이 경배하는도다 하였느니라 하시고 마태복음 15:9

마. 나눔과 교제가 있는 예배

하나님께서는 이웃에게 선을 행하며 나눠 주는 일을 예배로 규정하셨습니다. 구약시대에는 제사를 드린 후에 기뻐하며 이웃과 함께 나누어 먹었고(신명기 12:17-18), 초대교회에서도 함께 교제하고 섬기며 소유물을 나누었습니다(사도행전 2:42-46).

오직 선을 행함과 서로 나누어 주기를 잊지 말라
하나님은 이같은 제사를 기뻐하시느니라 히브리서 13:16

3. 예배의 중요성

가. 하나님의 명령

하나님은 예배를 통해 영광과 기쁨을 누리십니다. 예배는 그리스도인에게 있어서 선택 사항이 아닙니다. 가장 우선시되고 중요시되어야 할 하나님의 명령입니다(출애굽기 20:3).

옛적에 여호와(야훼)께서 야곱의 자손에게 언약을 세우시고
그들에게 명령하여 이르시되 너희는 다른 신을 경외하지 말며
그를 경배하지 말며 그를 섬기지 말며 그에게 제사하지 말고
오직 큰 능력과 편 팔로 너희를 애굽에서 인도하여 내신 여호와(야훼)만
경외하여 그를 예배하며 그에게 제사를 드릴 것이며 열왕기하 17:35-36

나. 인간의 창조 목적

인간이 호흡하며 사는 이유는 하나님을 예배하기 위함입니다. 우리는 우리 자신을 위해 창조된 존재가 아닙니다. 하나님의 영광을 위해 지음 받았습니다. 그러므로 인간의 구원과 행복도 예배를 통해서 실현될 수 있습니다. 하나님을 예배함으로 그분을 영화롭게 하는 것은 인간이 창조된 목적이요, 인간만이 가지는 특권입니다.

내 이름으로 불려지는 모든 자 곧 내가 내 영광을 위하여
창조한 자를 오게 하라 그를 내가 지었고
그를 내가 만들었느니라 이사야 43:7

다. 교회의 최대 사명

예배는 교회의 가장 핵심적인 사명입니다. 교회의 사명에는 전도, 교제, 교육, 봉사 등이 있지만, 교회가 예배에 실패하면 다른 사명을 감당하는 것도 불가능합니다. 하나님께서는 예배자를 찾으신다고 말씀하십니다.

아버지께 참되게 예배하는 자들은
영과 진리로 예배할 때가 오나니 곧 이 때라 아버시께서는
자기에게 이렇게 예배하는 자들을 찾으시느니라 요한복음 4:23

4. 예배의 유익

가. 하나님의 임재하심을 발견

거룩하신 하나님은 찬양받기에 합당하시며 우리의 찬양 가운데 거하십니다. 하나님께서 행하신 일을 찬양하고 그분의 말씀을 듣고 다른 성도들과 교제하는 예배를 드릴 때, 우리는 하나님의 임재를 경험하게 됩니다. 또한 마음이 새로워지며 위로를 얻게 됩니다.

> 이스라엘의 찬송 중에 계시는 주여
> 주는 거룩하시니이다 시편 22:3

나. 하나님의 구원과 인도하심을 체험

하나님을 찬양한 시편 기자가 놀라운 구원 역사를 체험하고 계속해서 하나님을 의지하듯, 하나님을 예배하는 자는 하나님의 인도하심을 경험하게 됩니다. 또한 그것은 인도하심에 대한 감사와 찬양으로 이어집니다.

> 새 노래 곧 우리 하나님께 올릴 찬송을 내 입에 두셨으니
> 많은 사람이 보고 두려워하여 여호와(야훼)를 의지하리로다 시편 40:3

다. 하나님의 능력이 임함

바울과 실라가 감옥에서 예배하다가 옥문이 열리는 기적이 일어났듯이, 하나님은 예배 가운데 역사하시고 능력을 베푸십니다. 하나님은 우리의 기도를 들어주시며 사랑하는 자들을 보호하고 지켜 주십

니다.

한밤중에 바울과 실라가 기도하고 하나님을 찬송하매
죄수들이 듣더라 이에 갑자기 큰 지진이 나서 옥터가 움직이고
문이 곧 다 열리며 모든 사람의 매인 것이 다 벗어진지라 사도행전 16:25-26

라. 하나님께 민감해 짐

우리가 하나님을 예배할 때 하나님을 만나게 되고 하나님의 음성을 듣게 됩니다. 이는 교회 안에서 드려지는 예배에서만 그치는 것이 아니라 삶으로 이어집니다. 공식적인 예배 시간만이 아닌, 삶 가운데서도 하나님의 세밀한 음성을 듣게 되는 것입니다.

여호와(야훼)께서 임하여 서서 전과 같이
사무엘아 사무엘아 부르시는지라 사무엘이 이르되
말씀하옵소서 주의 종이 듣겠나이다 하니 사무엘상 3:10

마. 인생에 대한 통찰력이 생김

예배하는 삶은 하나님과 동행하는 삶입니다. 예배자는 하나님의 지혜를 경험하며 살게 되고, 다른 사람들이 가질 수 없는 통찰력을 얻게 됩니다.

내가 어쩌면 이를 알까 하여 생각한즉
그것이 내게 심한 고통이 되었더니 하나님의 성소에 들어갈 때에야
그들의 종말을 내가 깨달았나이다 시편 73:16-17

더불어 나눔

1. 예배 가운데서 진정한 행복을 경험했던 적이 있다면 그 기쁨을 함께 나누며 공유해 봅시다.

2. 예배를 통해 하나님과 만나는 것이 얼마나 영광스러운 일인지 기억하며 예배의 감격에 빠질 수 있기를 간구해 봅시다.

마음 밭에 심기

주제 말씀 암송

우리 하나님이여 이제 우리가 주께 감사하오며 주의 영화로운 이름을 찬양하나이다 역대상 29:13

마음에 새기기

예배는 크게 두 가지 의미가 있습니다

1. 예배는 창조주이시고 구원자이신 하나님을 만나는 것입니다.
2. 예배는 하나님의 인격과 사역에 대한 반응, 곧 하나님을 높이고 영광 돌리는 것입니다.

우리는 참된 예배를 드리기 위해 예배의 본질에 대해 알아야 합니다

1. 예배는 하나님께 드려야 하고, 예수님을 통해서 드려야 하며, 성령님을 의지하여 드려야 합니다.
2. 성경 말씀에 근거하여 예배를 드려야 합니다.
3. 예배는 나눔과 교제로 연장되어야 합니다.

우리는 예배가 얼마나 중요한 것인지 알아야 합니다

1. 예배는 우리의 선택 사항이 아니라 하나님의 명령입니다.
2. 우리는 하나님께 예배하고 영광 돌리기 위해 지음 받은 존재입니다.
3. 예배는 교회의 여러 가지 사명 중에서 가장 핵심적인 것입니다.

예배는 우리에게 다양한 유익을 줍니다

1. 예배는 하나님의 임재하심을 발견하고 구원과 인도하심을 체험하게 해줍니다.
2. 예배를 통해 하나님의 능력을 경험하고 하나님께 민감해지며 인생에 대한 통찰력이 생깁니다.

제2과

성경에 나타난 예배

오늘 우리는...

- **이 과를 통해, 성경에 나타난 예배 관련 용어와 그 의미에 대해 알게 됩니다.**
- **이 과를 통해, 신구약성경이 보여 주는 예배의 모습에 대해 알게 됩니다.**

마음 문 열기

미국 보스톤에 골든이라는 목사가 있었습니다. 어느 날 그는 사무실에서 설교를 준비하다가 피곤한 나머지 책상에 엎드린 채로 깜박 잠이 들었고 잊지 못할 꿈을 꾸었습니다.

꿈속에서는 많은 사람이 예배당에 모여 주일 예배를 드리고 있었습니다. 골든 목사는 그 가운데 서른 살 정도로 보이는 낯선 사람에게 자꾸 시선이 갔습니다.

예배가 끝난 후 그 사람을 만나 보고 싶었던 골든 목사는 안내위원들에게 그 낯선 사람을 아느냐고 물었습니다. 그랬더니 안내위원이 하는 말이 "아, 그 사람 말입니까? 알고말고요. 예수라고 하는 사람입니다."라는 것이었습니다. 그는 예수라고 하는 말에 깜짝 놀라 잠에서 깨고 말았습니다.

그 다음부터 골든 목사는 어느 예배의 자리에 서든 회중 가운데 예수님께서 앉아 계신다고 믿고 설교를 했습니다. 성도들도 예수님을 마음의 중심에 모시고 신앙생활을 할 수 있도록 권면했습니다. 그 후 교회는 놀랍게 부흥했고 주님의 사업에 힘쓰는 능력의 교회로 성장하였습니다.

여기서 잠깐

하나님이 인정하시는 성경적인 예배를 드리기 위해
우리가 가져야 할 자세는 무엇일까요?

1. 예배와 관련된 성경의 용어들

가. 구약에 나타난 예배 관련 용어

1) 아바드(עבד)

구약성경 전반에 걸쳐 '예배'를 가리키는 용어에는 '봉사'의 뜻을 가진 히브리어 '아바드'가 사용되고 있습니다. 본래 아바드는 노예와 같은 고용된 종들의 노동을 의미하지만, 그 말이 하나님과 관련해서는 제의 봉사(예물로 드리는 봉사, 레위인의 회막 봉사 등)의 뜻으로 사용되었습니다.

2) 샤하아(שחה)

'샤하아'는 '엎드린다', '굴복한다'라는 뜻으로 예배자들이 숭배대상에게 최대한으로 존경하는 태도를 보이는 것을 의미합니다. 하나님 앞에 엎드릴 때 우리는 하나님의 거룩하심 앞에서 자신의 죄를 깊이 깨달아 알게 됩니다. 이스라엘 사람들은 이러한 모습이 거룩한 하나님 앞에 나아가는 합당한 자세라고 생각하며 강조했습니다.

나. 신약에 나타난 예배 관련 용어

1) 레이투르기아(λειτουργία)

이 말은 '제사장의 직무', '봉사한다' 등의 다양한 의미를 지닌 예배 용어로서, 이 단어에서 '예전(禮典)'이란 말이 생겨났습니다. 이 용어는 개인적으로 하나님께 나아가는 구약의 희생제사와는 달리 회중 전체가 참여하여 믿음과 순종으로 하나님께 봉사하는 것을 뜻합니다. 그러므로 신약에서의 예배는 공동체 전체의 일입니다.

2) 프로스퀴네오(προσκυνέω)

프로스퀴네오는 '손에 입맞추다', '무릎을 꿇다', '절하다' 등의 기본 의미와 더불어 '숭상하다'라는 의미를 가지고 있습니다. 이것은 본래 사람을 상대로 쓰였지만 하나님과 그리스도를 향한 예배를 뜻하는 용어가 되었습니다.

3) 라트레이아(λατρεία)

기본적으로 '섬김'이라는 뜻을 가지고 있으며, '종으로서 자신의 상전을 섬겨야 할 신분을 확인시키는 일'에 사용된 말이기도 합니다. 또한 '지위가 높은 자에 대한 봉사'를 뜻합니다. 이 용어가 피조물인 인간이 창조주이신 하나님을 섬긴다는 뜻으로 사용되었습니다.

2. 성경에 나타난 예배의 모습

가. 제단을 쌓고 드리는 예배

성경에 나타난 예배의 첫 모습은 제사입니다. 제단을 쌓고 하나님께 제물을 바치는 형태로 예배가 이루어졌습니다.

성경에는 제단을 쌓고 하나님께 예배한 모습이 다양하게 등장합니다. 대표적으로 창세기에는 아벨이 하나님께서 인정하시는 제사를 드리는 장면이 나옵니다(창세기 4:3-5). 또한 노아는 홍수가 끝난 후 가장 먼저 예배를 드렸습니다.

> 노아가 여호와(야훼)께 제단을 쌓고
> 모든 정결한 짐승과 모든 정결한 새 중에서 제물을 취하여
> 번제로 제단에 드렸더니 창세기 8:20

또한 아브라함은 장막을 옮길 때마다 여호와(야훼)를 위하여 제단을 쌓았고(창세기 12:8; 13:4; 13:18) 이삭은 아브라함으로부터 하나님께 예배하는 것을 배워 제단을 쌓았으며(창세기 26:25), 야곱은 벧엘에서 돌단을 쌓고 거기서 하나님께 예배를 드렸습니다(창세기 28:18-22).

나. 성막에서 드리는 예배

하나님은 이스라엘 백성이 광야에서도 예배할 수 있도록 성막을 만들게 하셨습니다(출애굽기 25:8-21). 이렇게 만들어진 성막은 하나님과 이스라엘 백성이 만나는 장소였습니다.

또한 하나님께서는 번제(레위기 1:3-17), 소제(레위기 2:1-16), 화목제(레위기 3:1-17), 속죄제(레위기 4:1-5:13), 속건제(레위기 5:14-6:7)의 다섯 가지 제사제도를 제정해 주셨습니다. 이런 제사들을 통해 죄를 대속하고 하나님과 화목할 수 있게 해주셨습니다.

내가 그들 중에 거할 성소를 그들이 나를 위하여 짓되
무릇 내가 네게 보이는 모양대로 장막을 짓고
기구들도 그 모양을 따라 지을지니라 출애굽기 25:8-9

이렇게 성경에 나타난 이스라엘 민족의 공적 예배생활은 역사적으로 출애굽에서부터 시작되었다고 할 수 있습니다. 그리고 가나안 정착 이후로는 각 지파별로 땅이 분배됨에 따라 몇 군데 지방 성소들이 건립되어 예배를 드리게 되었습니다. 대표적인 곳으로는 길갈(사사기 2:1), 오브라(사사기 6:24), 실로와 단(사사기 18:29-31), 헤브론(사무엘하 5:3), 기브온(열왕기상 3:4) 등이 있습니다.

다. 성전에서 드리는 예배

솔로몬이 예루살렘에 성전을 건립함으로써 성막의 기능은 성전으로 옮겨졌습니다. 성전은 성막의 발전 형태라고 할 수 있습니다. 이스라엘 백성은 성전에서 하나님께 예배를 드리게 되었습니다.

3대 절기인 유월절, 오순절, 초막절에 백성은 십일조와 희생제물을 준비하여 성전에 모였고, 예배는 음악, 독창, 축송, 환성, 춤, 행렬, 기도, 악기 연주, 설교, 선조들에 대한 회상, 간구, 약속, 신앙고백, 봉헌, 거룩한 식사, 정결예식 등으로 진행되었습니다.

이스라엘 역사를 살펴보면 성전은 세 가지로 나눌 수 있는데, 솔로몬 성전(B.C.959; 열왕기상 6:1-38), 스룹바벨 성전(B.C.516; 에스라 6:15-18), 그리고 신약시대의 헤롯 성전(B.C.20~A.D.63)입니다.

여호와(야훼)의 말씀이 솔로몬에게 임하여 이르시되
네가 지금 이 성전을 건축하니 네가 만일 내 법도를 따르며
내 율례를 행하며 내 모든 계명을 지켜 그대로 행하면
내가 네 아버지 다윗에게 한 말을 네게 확실히 이룰 것이요
내가 또한 이스라엘 자손 가운데에 거하며
내 백성 이스라엘을 버리지 아니하리라 하셨더라 열왕기상 6:11-13

라. 회당예배

남왕국 멸망 이후 바벨론에 포로로 잡혀간 유다 백성은 더 이상 성전예배를 드릴 수 없게 되었습니다. 한 장소에서 한 의식에 따라 예배드리는 것이 불가능해지자, 새로운 차원의 예배가 필요하게 되었습니다. 이로써 회당예배가 등장하게 됩니다.

회당예배의 중요한 내용은 성경을 읽고 해석하는 것입니다. 성경을 읽기 전에는 축원이나 기도를 먼저 올려드렸습니다. 또한 회당에서 드리는 공중예배가 말씀과 기도를 강조하게 됨으로써 성전예배에서 드리던 희생제사가 예배에서 필요 없게 되었습니다. 성전에서 매일 드리던 제사 대신에 정기적인 기도 시간이 아침, 오후, 저녁에 행

해 짐에 따라 예배 역사상 처음으로 희생제사와는 근본적으로 다른 예배가 나타나게 되었습니다.

예수께서 그 자라나신 곳 나사렛에 이르사
안식일에 늘 하시던 대로 회당에 들어가사
성경을 읽으려고 서시매 누가복음 4:16

마. 성찬예배

초대교회 성도는 세상에 나아가 담대히 복음을 전하면서도 동시에 성전에 모여 하나님을 찬미하였습니다. 이로 인해 교회는 온 백성에게 칭찬을 받았을 뿐만 아니라 계속해서 성장했습니다.

초대교회의 대표적인 특징 중 하나는 성찬이 예배에 포함되었다는 것입니다. 성찬은 예수님께서 잡히시기 전날 밤 제자들과 함께 가진 유월절 식탁에서 비롯되었으며, 교회가 생겨난 이후 지금까지 계속 이어져오고 있습니다.

또한 초대교회 성도들은 가정에 세워진 교회에서 함께 모여 예배하고 교제하는 경우가 많았습니다. 그리고 성찬을 나누며 예수님의 죽으심을 기념하고 하나님을 예배하였습니다.

두 사람이 옥에서 나와 루디아의 집에 들어가서

형제들을 만나 보고 위로하고 가니라 사도행전 16:40

라오디게아에 있는 형제들과 눔바와

그 여자의 집에 있는 교회에 문안하고 골로새서 4:15

바. 천국예배

예배는 천국에서 궁극적으로 완성됩니다. 예수님께서 재림하시면 죽은 자들이 살아나고 산 자들은 변화하여 공중에서 예수님을 만나게 되며 천국에서 영원토록 하나님을 찬양하며 살게 됩니다.

요한계시록을 보면 구원받은 백성이 한마음과 한뜻으로 예배하며 하나님의 영광과 존귀와 능력을 찬양하는 장면이 나옵니다. 천국에 들어간 하나님의 자녀는 이 예배를 통해 의와 평강과 희락을 영원토록 누리게 됩니다.

이 일 후에 내가 보니

각 나라와 족속과 백성과 방언에서 아무도 능히 셀 수 없는

큰 무리가 나와 흰 옷을 입고 손에 종려 가지를 들고

보좌 앞과 어린 양 앞에 서서 큰 소리로 외쳐 이르되

구원하심이 보좌에 앉으신 우리 하나님과

어린 양에게 있도다 하니 요한계시록 7:9-10

더불어 나눔

1. 성경에 나타난 예배의 역사를 보면서 느껴지는 하나님의 마음과 인도하심에 대해 나누어 봅시다.

2. 우리는 예수님의 십자가 대속의 은혜로 말미암아 더 이상 구약 시대의 복잡한 제사 절차 없이 하나님을 만날 수 있게 되었습니다. 이 사실에 대해 다시 한 번 감사하고 예배를 소중히 여길 것을 결단하는 시간을 가져 봅시다.

마음 밭에 심기

주제 말씀 암송

노아가 여호와(야훼)께 제단을 쌓고 모든 정결한 짐승과 모든 정결한 새 중에서 제물을 취하여 번제로 제단에 드렸더니

창세기 8:20

마음에 새기기

성경에는 예배와 관련된 다양한 용어들이 있습니다

1. 구약에 나타난 용어(아바드, 샤하아)를 통해 하나님 앞에 겸손히 엎드리고 헌신하는 마음으로 예배해야 함을 알 수 있습니다.
2. 신약에 나타난 용어(레이투르기아, 프로스퀴네오, 라트레이아)를 통해 공동체가 함께 하나님을 높이고, 순종하는 삶의 예배를 드려야 함을 알 수 있습니다.

성경에는 하나님의 인도하심 가운데 예배의 형태가 어떻게 변해 왔는지에 대해 전해 주고 있습니다

1. 성경에 나타난 예배의 첫 모습은 제단을 쌓고 드린 제사였습니다.
2. 하나님은 성막을 짓게 하셨고, 제사제도를 제정해 주셨습니다.
3. 솔로몬의 성전 건축을 시작으로 예배를 성전에서 드리기 시작했습니다.
4. 성전 예배가 힘들어진 포로시대에 회당예배가 등장했습니다.
5. 초대교회는 예배 때 성찬을 했고, 이를 통해 예수님의 고난과 죽으심을 기념했습니다.
6. 예배의 완성인 천국에서의 예배를 통해 우리는 참된 의와 평강과 희락을 영원토록 누리게 될 것입니다.

제3과

예배의 주요 요소 1

- 찬양과 기도 -

오늘 우리는...
- 이 과를 통해, 예배의 요소 가운데 찬양과 기도의 의미에 대해서 알게 됩니다.
- 이 과를 통해, 찬양과 기도와 관련하여 예배 순서의 의미에 대해서 알게 됩니다.

마음 문 열기

위대한 성가를 많이 작곡한 조셉 하이든에게 하루는 누군가가 물었습니다. "그토록 훌륭한 음악을 만들 때 어디에서 영감을 얻습니까?" 그러자 하이든은 "나는 기도할 때마다 '하나님, 하나님은 제 삶의 주인이십니다. 하나님이 저에게 지혜를 주셔서 아름다운 음악을 작곡하게 되면 이 음악을 주님 앞에 드릴 것입니다'라는 기도를 드립니다."라고 대답했습니다.

그의 곡 가운데 '천지창조'란 유명한 곡이 있습니다. 이 곡이 비엔나에서 공연되던 날 하이든은 몸이 몹시 아팠습니다. 그래서 그는 환자의 몸으로 뒤에 앉아 공연을 지켜봐야 했습니다. 연주가 끝

났을 때 수많은 사람이 일어서서 지휘자에게 박수를 보냈습니다.

그때 지휘자는 뒷자석 발코니에 앉아 있는 하이든을 가리켰습니다. 그리고 "저 분이 이 놀랍고 아름다운 음악을 작곡했습니다."라고 말했습니다. 모든 사람이 고개를 돌려서 하이든을 바라보며 일제히 박수를 치기 시작했습니다. 그러자 하이든은 박수를 중단시키면서 이렇게 말했습니다. "아니오, 나는 아무것도 아닙니다. 이 모든 것은 하늘로부터 온 것입니다. 하나님께서 지혜를 주셨습니다. 그분께만 영광을 돌리십시오."

여기서 잠깐

하나님만이 영광 받으시는 예배가 되기 위해
우리가 해야 할 일은 무엇일까요?

1. 예배의 요소 1 -찬양-

가. 예배 시 찬양의 역할

1) 하나님을 향한 경배

찬양은 창조주를 향한 피조물의 자연스러운 반응입니다. 어제나 오늘이나 영원토록 변함이 없으신 하나님을 굳게 믿고 고백하는 것이며, 하나님의 구원 사역에 반응하여 마땅히 드려야 할 우리의 표현입니다. 또한 찬양은 단순히 노래를 부르는 차원이 아니라 하나님을 높이는 것입니다. 피조물로서 창조주를, 종으로서 주인을, 백성으로서 왕을, 자녀로서 아버지를 자랑하는 것이 찬양입니다.

하나님은 우리의 찬양을 받으시기에 합당하신 분입니다. 우리는 예배 가운데서 찬양을 통해 하나님을 높여 드려야 합니다.

이 때에 모세와 이스라엘 자손이 이 노래로 여호와(야훼)께 노래하니
일렀으되 내가 여호와(야훼)를 찬송하리니 그는 높고 영화로우심이요
말과 그 탄 자를 바다에 던지셨음이로다 출애굽기 15:1

큰 음성으로 이르되 죽임을 당하신 어린 양은
능력과 부와 지혜와 힘과 존귀와 영광과 찬송을 받으시기에
합당하도다 하더라 요한계시록 5:12

2) 우리의 사명

하나님은 우리의 찬양을 기뻐하십니다. 우리는 하나님을 찬양하기 위해 창조되었습니다. 예배자는 찬양을 통해 하나님과 깊은 사귐을 가질 수 있습니다. 교회도 마찬가지입니다. 예배 중에 하나님을 온전히 찬양하는 데서 교회의 사명이 시작됩니다. 찬양 가운데 교회는 충만한 생명을 얻을 수 있습니다.

이 백성은 내가 나를 위하여 지었나니
나를 찬송하게 하려 함이니라 이사야 43:21

그러나 너희는 택하신 족속이요 왕 같은 제사장들이요
거룩한 나라요 그의 소유가 된 백성이니
이는 너희를 어두운 데서 불러 내어 그의 기이한 빛에 들어가게 하신 이의
아름다운 덕을 선포하게 하려 하심이라 베드로전서 2:9

나. 찬양과 관련된 예배 순서

1) 경배와 찬양

예배를 시작할 때 예배에 임재하시는 하나님께 찬양으로 경배하는 시간입니다. 특히 경배와 찬양은 일어서서 찬양하는 경우가 많습니다.

2) 예배 찬양

새찬송가 혹은 통일찬송가를 가지고 예배 중에 드리는 찬양입니다. 인도자를 비롯하여 성도 모두가 한마음으로 부르는 찬양입니다.

설교 말씀과 관련된 찬송가를 부르는 경우가 많습니다.

3) 성가대 찬양

성가대원들이 예배 중에 준비된 찬송을 통해 하나님께 찬양드리는 시간입니다. 성도들이 함께 부르지는 않지만 잘 듣고 묵상하면서 마음속으로 하나님을 찬양할 수 있어야 합니다.

4) 파송 찬양

축도나 주기도문 전에 성도들을 세상으로 파송하는 의미에서 부르는 찬양입니다. 예배가 삶으로 이어지기를 결단하며 찬양해야 합니다.

2. 예배의 요소 2 -기도-

가. 예배 시 기도의 역할

1) 영혼의 호흡

기도는 하나님과 나누는 친밀한 교제 수단입니다. 예배에 있어서도 마찬가지입니다. 기도는 하나님과의 수직적 관계를 지속하고 강화시킵니다. 기도는 하나님과 소통하고 대화하기 위한 중요한 통로입니다.

이로써 우리도 듣던 날부터 너희를 위하여 기도하기를
그치지 아니하고 구하노니 너희로 하여금 모든 신령한 지혜와 총명에
하나님의 뜻을 아는 것으로 채우게 하시고 골로새서 1:9

2) 교회의 연합과 일치를 이룸

기도는 교회의 연합과 일치를 이루는 중요한 역할을 합니다. 하나님의 자녀라면 골방에서 혼자 기도하는 것 외에, 그리스도의 몸 된 지체와 공동체의 일원으로서 교회에 모여 한마음으로 기도하는 일에 힘써야 합니다.

여자들과 예수의 어머니 마리아와
예수의 아우들과 더불어 마음을 같이하여
오로지 기도에 힘쓰더라 사도행전 1:14

나. 기도와 관련된 예배 순서

1) 기원의 기도

기원의 기도는 예배를 처음 시작할 때 예배인도자가 드리는 기도입니다. 예배인도자는 하나님의 이름을 높이고 하나님께서 받으실만한 예배를 드릴 수 있도록 기원하게 됩니다.

2) 신앙고백

신앙고백은 예배에 참석한 성도들이 신앙을 새롭게 다짐하고 결단하는 시간입니다. 일종의 고백이지만, 예배 중에는 기도 형식으로 눈

을 감고 암송합니다. 가장 대표적인 신앙고백으로 사용되는 것은 사도신경인데, 기독교의 정통 신조로서 지금까지 2천여 년 동안 사용되고 있습니다. 사도신경에는 창조, 그리스도의 동정녀 탄생, 속죄, 부활, 승천, 재림, 심판, 교회, 사죄, 영생 등 기독교의 기본적인 교리가 담겨 있습니다.

3) 대표기도

공예배 때에는 대표자가 나와서 예배기도나 헌금기도를 할 때가 있습니다. 비록 대표자 한 명이 나와서 기도하지만, 모든 성도는 함께 기도를 드린다는 마음을 가지고 한마음으로 기도해야 합니다.

4) 봉헌기도

봉헌기도는 하나님께 우리의 중심을 드리는 기도, 주신 은혜에 감사를 표현하는 기도입니다. 물질을 드릴 때의 봉헌기도는 원칙적으로 회중 각자의 마음과 몸을 드리는 것으로서 하나님께서 주신 은혜에 응답하는 상징적 행위입니다.

5) 중보기도

중보기도는 자신이 아닌 다른 사람들을 위해 하나님의 도우심을 구하는 기도입니다. 정치, 경제, 사회, 문화적 상황을 돌아보고 성도들이 그 속에서 어떤 어려움을 겪고 있는지 확인하여 함께 기도해야 합니다. 일반적으로 인도자가 일정한 기도제목을 알린 다음에 회중이 다함께 기도하게 됩니다.

6) 주기도문

주기도문은 마태복음 6장 9절에서 13절과 누가복음 11장 2절에서 4절에 예수님이 제자들에게 가르쳐 주신 기도입니다. 예수님이 가르쳐 주신 기도라는 것은 곧 이것이 기도의 모범 답안이라는 뜻입니다.

대부분의 교회에서는 예배가 끝날 때 예수님이 가르쳐 주신 기도를 함께 드립니다. 혹은 주기도 송으로 주기도문을 대신하기도 합니다.

그러므로 너희는 이렇게 기도하라 하늘에 계신 우리 아버지여
이름이 거룩히 여김을 받으시오며 나라가 임하시오며
뜻이 하늘에서 이루어진 것 같이 땅에서도 이루어지이다
오늘 우리에게 일용할 양식을 주시옵고 우리가 우리에게 죄 지은 자를
사하여 준 것 같이 우리 죄를 사하여 주시옵고
우리를 시험에 들게 하지 마시옵고 다만 악에서 구하시옵소서
(나라와 권세와 영광이 아버지께 영원히 있사옵나이다 아멘)

마태복음 6:9-13

7) 축도

축도는 공예배의 마지막 순서로, 목회자가 성도들에게 하나님의 이름으로 복을 선포하는 것입니다. 하나님의 돌보심에 성도들을 맡기고 하나님의 복을 회중에게 선포하는 귀중한 기도로서, 아론의 축도와 바울의 축도가 좋은 예가 됩니다.

여호와(야훼)는 네게 복을 주시고 너를 지키시기를 원하며
여호와(야훼)는 그의 얼굴을 네게 비추사 은혜 베푸시기를 원하며
여호와(야훼)는 그 얼굴을 네게로 향하여 드사
평강 주시기를 원하노라 할지니라 하라 민수기 6:24-26

주 예수 그리스도의 은혜와 하나님의 사랑과 성령의 교통하심이
너희 무리와 함께 있을지어다 고린도후서 13:13

더불어 나눔

1. 예배 시간에 찬양을 통해 하나님의 임재를 경험한 적이 있다면 함께 나누어 봅시다. 그리고 그 나눔 가운데서 그때의 감격을 다시금 경험해 봅시다.

2. 예배 가운데 서로 한마음이 되어 하나님께 나아갈 수 있기를 기대하며, 구성원들끼리 다함께 손을 잡고 기도해 봅시다.

마음 밭에 심기

주제 말씀 암송

이 백성은 내가 나를 위하여 지었나니 나를 찬송하게 하려 함이니라 이사야 43:21

마음에 새기기

예배의 요소 중에는 '찬양'이 있습니다

1. 찬양은 하나님을 향해 경배하고, 사명을 감당하는 역할을 합니다.
2. 찬양과 관련된 예배 순서로는 경배와 찬양, 예배 찬양, 성가대 찬양, 파송 찬양 등이 있습니다.

예배의 요소 중에는 '기도'가 있습니다

1. 기도는 영혼을 호흡하게 하고, 교회의 연합과 일치를 이루는 역할을 합니다.
2. 기도와 관련된 예배 순서로는 기원의 기도, 신앙고백, 대표기도, 봉헌기도, 중보기도, 주기도문, 축도 등이 있습니다.

예배의 주요 요소 2

- 말씀과 성례전 -

오늘 우리는...

- 이 과를 통해, 예배의 요소 가운데 말씀과 성례전의 의미에 대해서 알게 됩니다.
- 이 과를 통해, 말씀을 듣고 성례전에 참여하기 위해 필요한 내용을 알게 됩니다.

마음 문 열기

미국의 유명한 신학자 라이만 비처 목사가 지방에 설교하러 갔을 때의 일입니다. 그날은 폭풍이 극심하고 아주 추운 날씨였습니다. 악천후의 날씨 속에서도 말을 몰아서 작은 시골 예배당에 도착하였습니다. 그런데 그때까지 한 명도 예배당에 오지 않았고 예배 시간이 거의 다 되었을 때 겨우 한 사람이 문을 열고 들어왔습니다. 비처 목사는 그 한 사람을 놓고 설교를 해야 할지 의문이 들었으나 마음을 고쳐먹고 예배를 인도하였습니다.

그리고 20년이 지났습니다. 오하이오주를 여행하고 있던 비처 목사에게 한 낯선 사람이 다가와 말을 걸었습니다.

"목사님, 20년 전 어떤 곳에서 한 사람을 놓고 설교하신 일을 기억하십니까?"

"네. 그러고 보니 기억나는군요."

"제가 바로 그 사람입니다. 그때 목사님의 설교가 저의 영혼을 구했고, 저를 목사로 만들었습니다. 그리고 저는 지금 오하이오주 전역에서 구원의 복음을 전하고 있습니다."

여기서 잠깐

예배 가운데 선포된 하나님의 말씀은
지금 우리 인생에 어떤 영향을 끼치고 있을까요?

1. 예배의 요소 3 -말씀-

가. 예배 시 말씀의 역할

예배는 하나님과의 거룩한 만남입니다. 하나님을 인격적, 영적으로 만나는 감격을 누리는 것입니다. 우리가 하나님을 만나러 나아가면 하나님께서도 친히 오시어 우리를 만나 주십니다. 그런데 하나님은 우리를 만나 주시되 특별히 '말씀'으로 만나 주십니다. 예배 가운데 선포되는 말씀은 다음과 같은 역할을 합니다.

1) 은혜의 체험

말씀은 하나님의 은혜를 발견할 수 있는 눈을 뜨게 만듭니다. 예배 가운데 선포되는 하나님의 말씀은 각자의 처지와 조건에 맞게 그분의 은혜를 체험하게 해줍니다.

넘치는 은혜는 믿음의 확신과 기쁨, 감사와 자비로운 마음, 하나님을 찬양하는 마음과 행동으로 이어질 수 있습니다. 또한 상처받은 마음을 위로해 주기도 하고, 이웃의 잘못을 용서할 수 있는 마음, 시련과 고통을 이겨낼 수 있는 힘과 용기, 혹은 하나님의 영원한 세계에 대한 희망을 체험할 수 있게 해줍니다.

베드로가 이 말을 할 때에 성령이 말씀 듣는 모든 사람에게 내려오시니
베드로와 함께 온 할례 받은 신자들이 이방인들에게도
성령 부어 주심으로 말미암아 놀라니 이는 방언을 말하며
하나님 높임을 들음이러라 사도행전 10:44-46

2) 회개의 촉구

말씀은 인간이 하나님께로 향할 수 있는 회개의 기회를 마련해 줍니다. 말씀을 선포하는 자는 자신의 죄를 회개하고 하나님께 돌아오는 사람만이 구원받을 수 있다는 사실을 분명하게 선포해야 합니다.

그들이 이 말을 듣고 마음에 찔려 베드로와 다른 사도들에게
물어 이르되 형제들아 우리가 어찌할꼬 하거늘 베드로가 이르되
너희가 회개하여 각각 예수 그리스도의 이름으로 세례(침례)를 받고
죄 사함을 받으라 그리하면 성령의 선물을 받으리니 사도행전 2:37-38

3) 변화를 위한 결단 촉구

하나님의 말씀은 하나님을 향한 첫 사랑을 회복하게 하며 영적 각성의 촉매가 됩니다. 하나님의 진리의 말씀이 역사할 때 진정한 변화와 부흥이 다가옵니다.

하나님의 율법책을 낭독하고 그 뜻을 해석하여
백성에게 그 낭독하는 것을 다 깨닫게 하니
백성이 율법의 말씀을 듣고 다 우는지라 느헤미야 8:8-9

4) 신앙 성장을 위한 양육

성도가 그리스도를 믿는 것과 아는 일에 장성하게 되기까지는 끝없는 교육과 양육이 필요합니다. 특별히 하나님의 말씀을 듣고 믿으며 말씀대로 실천하는 훈련이 중요한데, 이는 예배 때 선포되는 말씀을 통해서도 이루어질 수 있습니다.

우리가 다 하나님의 아들을 믿는 것과 아는 일에 하나가 되어
온전한 사람을 이루어 그리스도의 장성한 분량이 충만한 데까지 이르리니
이는 우리가 이제부터 어린 아이가 되지 아니하여
사람의 속임수와 간사한 유혹에 빠져 온갖 교훈의 풍조에 밀려
요동하지 않게 하려 함이라 에베소서 4:13-14

나. 말씀 선포

1) 성경 봉독

예배 때 설교 말씀의 근거가 되는 성경 구절을 찾아서 읽는 것입니다.

이때 인도자가 해당 본문을 다 읽는 경우도 있지만 교독이나 합독을 하자고 하는 경우도 많습니다. '교독'은 사회자와 성도가 번갈아가면서 한 구절씩 소리 내어 읽는 것이고, '합독'은 사회자와 성도 모두가 한 소리로 해당 본문 전체를 읽는 것입니다.

2) 설교

설교는 성경 본문 말씀에 근거하여 목회자가 그 말씀의 의미를 설

명해 주고, 그 안에 담긴 하나님의 뜻을 전하는 것입니다.

설교 말씀을 듣기 위해서는 다음의 자세를 갖추어야 합니다.

첫째, 설교자를 바라보지 말고 하나님을 바라보아야 합니다.

그러나 무릇 여호와(야훼)를 의지하며
여호와(야훼)를 의뢰하는 그 사람은 복을 받을 것이라 예레미야 17:7

둘째, 말씀을 그대로 수용하고자 해야 합니다.

그러므로 너희가 어떻게 들을까 스스로 삼가라
누구든지 있는 자는 받겠고 없는 자는 그 있는 줄로 아는 것까지도
빼앗기리라 하시니라 누가복음 8:18

셋째, 설교자를 위해 기도해야 합니다.

또한 우리를 위하여 기도하되 하나님이 전도할 문을
우리에게 열어 주사 그리스도의 비밀을 말하게 하시기를
구하라 내가 이 일 때문에 매임을 당하였노라 골로새서 4:3

다. 말씀을 듣는 태도

예배 시 말씀에 은혜를 받으려면 우선 설교자의 준비와 노력이 필요합니다. 그러나 듣는 이들의 그릇 준비도 중요합니다. 예수님께서

도 '씨 뿌리는 자의 비유'를 통해 같은 씨앗(말씀)을 받더라도 땅(마음)의 상태에 따라 다른 수확을 얻는다는 진리를 말씀하셨습니다.

그런즉 씨 뿌리는 비유를 들으라
아무나 천국 말씀을 듣고 깨닫지 못할 때는
악한 자가 와서 그 마음에 뿌려진 것을 빼앗나니
이는 곧 길 가에 뿌려진 자요 돌밭에 뿌려졌다는 것은 말씀을 듣고
즉시 기쁨으로 받되 그 속에 뿌리가 없어 잠시 견디다가
말씀으로 말미암아 환난이나 박해가 일어날 때에는 곧 넘어지는 자요
가시떨기에 뿌려졌다는 것은 말씀을 들으나 세상의 염려와
재물의 유혹에 말씀이 막혀 결실하지 못하는 자요
좋은 땅에 뿌려졌다는 것은 말씀을 듣고 깨닫는 자니
결실하여 어떤 것은 백 배, 어떤 것은 육십 배,
어떤 것은 삼십 배가 되느니라 하시더라 마태복음 13:18-23

1) 길가의 마음

길가의 마음이란 하나님의 말씀에 마음이 닫혀 있는 것을 의미합니다. 아무리 많은 비가 내려도 뚜껑을 닫아 놓으면 물을 받을 수 없듯이 심령이 닫혀져 있는 상태에서는 은혜를 체험할 수 없습니다.

2) 돌밭의 마음

돌밭의 마음이란 한결같지 못한 감정 상태를 뜻합니다. 이런 사람들은 평소에는 괜찮다가도 '환난'이나 '핍박'의 바람이 몰아치면 더 이상 견디지 못하고 신앙을 포기하고 맙니다.

3) 가시떨기의 마음

가시떨기의 마음이란 자기중심적 신앙 상태를 말합니다. 말씀을 마음에 두기는 하지만 세상에 대한 애착이 그 마음 밭을 망가뜨려 결국 열매를 맺지 못합니다.

4) 좋은 땅(옥토)의 마음

좋은 땅의 마음이란 열린 마음으로 말씀이 열매를 맺도록 지키며 가꾸는 것을 의미합니다. 좋은 밭과 같은 마음을 지닌 사람은 설교를 들을 준비가 된 사람이며, 설교자를 보지 않고 하나님을 보는 사람입니다. 또한 말씀을 그대로 수용하고 설교자를 위해 기도하는 사람입니다.

2. 예배의 요소 4 -성례전-

가. 예배 시 성례전의 역할

성례는 예수 그리스도께서 직접 제정하신 예전(禮典)입니다. 구원받은 그리스도인들을 위해 역사하시는 하나님의 은혜의 보증이며 예수 그리스도를 통한 구원의 감격을 일깨워 주는 표시입니다.

그들이 먹을 때에 예수께서 떡을 가지사 축복하시고
떼어 제자들에게 주시며 이르시되 받아서 먹으라
이것은 내 몸이니라 하시고 또 잔을 가지사 감사 기도 하시고
그들에게 주시며 이르시되 너희가 다 이것을 마시라
이것은 죄 사함을 얻게 하려고 많은 사람을 위하여 흘리는 바
나의 피 곧 언약의 피니라 마태복음 26:26-28

성례전은 다음과 같은 역할을 합니다.

1) 예수님의 약속을 상징

성례전은 예수님께서 약속하신 죄 용서 및 거듭남의 은혜(세례(침례))와, 그리스도의 십자가 대속과 그 영원한 효력(성찬)을 확증해 줍니다.

2) 예수님의 사역을 상징

성례전은 예수님께서 죄인을 의인으로 거듭나게 하시는 구원 사역(세례(침례))과, 자신의 생명을 내어 주신 거룩하신 희생 사역(성찬)을 보여 줍니다.

3) 교회의 연합을 상징

모든 그리스도인은 주님 안에서 한 몸을 이루는 거룩한 지체입니다. 모여서 그리스도의 몸과 피를 상징하는 성찬을 나누며 연합과 일치를 재확인하게 됩니다.

나. 성례전의 종류

1) 세례(침례)

세례(침례)는 성부와 성자와 성령의 이름으로 우리의 몸이 물로 씻음 받아 새로워지는 예식입니다. 세례(침례)는 하나님과 하나님을 섬기는 성도들, 곧 증인들 앞에서 받게 됩니다. 하나님과 사람들 앞에서 이제는 신앙의 거룩한 삶을 살아가겠다고 공개적으로 다짐하는 신앙고백적 의미가 담겨 있습니다.

세례(침례)는 네 가지의 의미를 갖습니다.

첫째, 그리스도와의 연합을 상징합니다.

> 무릇 그리스도 예수와 합하여 세례(침례)를 받은 우리는
> 그의 죽으심과 합하여 세례(침례)를 받은 줄을 알지 못하느냐 로마서 6:3

둘째, 그리스도로 옷 입는 것을 상징합니다.

누구든지 그리스도와 합하기 위하여 세례(침례)를 받은 자는
그리스도로 옷 입었느니라 갈라디아서 3:27

셋째, 주 안에서 죽은 후 다시 부활함을 의미합니다.

너희가 세례(침례)로 그리스도와 함께 장사되고 또 죽은 자들 가운데서
그를 일으키신 하나님의 역사를 믿음으로 말미암아
그 안에서 함께 일으키심을 받았느니라 골로새서 2:12

넷째, 구원의 증표를 의미합니다.

물은 예수 그리스도께서 부활하심으로 말미암아
이제 너희를 구원하는 표니 곧 세례(침례)라
이는 육체의 더러운 것을 제하여 버림이 아니요
하나님을 향한 선한 양심의 간구니라 베드로전서 3:21

2) 성찬

성찬, 혹은 성만찬은 그리스도의 몸과 피를 상징하는 떡과 포도주를 함께 나누는 예식입니다. 또한 성찬은 그리스도의 죽음을 기념합니다. 주님께서는 우리 모든 인류를 위해 죽으시기 직전 유월절에 유월적 예식을 베푸시면서 우리에게 성찬의 의미를 가르쳐 주셨습니다. 그러므로 우리는 포도주와 떡을 대할 때마다 우리를 위해 고난을 받으시고 죽으신 예수님을 기념하게 됩니다.

성찬은 크게 세 가지의 의미를 갖습니다.

첫째, 그리스도의 죽으심을 기념합니다.

> 축사하시고 떼어 이르시되 이것은 너희를 위하는 내 몸이니
> 이것을 행하여 나를 기념하라 하시고 식후에 또한 그와 같이
> 잔을 가지시고 이르시되 이 잔은 내 피로 세운 새 언약이니
> 이것을 행하여 마실 때마다 나를 기념하라 하셨으니 고린도전서 11:24-25

둘째, 그리스도와 한 몸을 이루는 의식입니다.

> 떡이 하나요 많은 우리가 한 몸이니
> 이는 우리가 다 한 떡에 참여함이라 고린도전서 10:17

셋째, 그리스도의 언약을 상징합니다.

> 이것은 죄 사함을 얻게 하려고 많은 사람을 위하여 흘리는 바
> 나의 피 곧 언약의 피니라 마태복음 26:28

다. 성례전의 교훈과 적용

건강한 교회, 성경적인 교회라면 예배를 드림에 있어 성례전의 의미와 가치를 적극적으로 받아들이는 자세가 필요합니다. 또한 성례전을 통해 주 안에서 새로워진 예배자라면 다음의 사항들을 다짐하며 살아야 합니다.

1) 참된 예배자로 살 것을 다짐하기
2) 그리스도의 몸 된 교회에 충성할 것을 다짐하기
3) 그리스도의 고난을 기억하며 살기
4) 하늘나라에 소망을 두며 생활하기

더불어 나눔

1. 설교 시간 도중에 하나님의 말씀을 듣다가 마음 깊이 그 말씀이 새겨지고, 그 말씀을 통해 내 삶이 변화되었던 경험이 있다면 함께 나누어 봅시다.

2. 우리를 위해 몸이 찢기고 피 흘리신 예수님을 생각하며 성찬에 더욱 경건히 임할 것을 결단해 봅시다.

마음 밭에 심기

주제 말씀 암송

좋은 땅에 뿌려졌다는 것은 말씀을 듣고 깨닫는 자니 결실하여 어떤 것은 백 배, 어떤 것은 육십 배, 어떤 것은 삼십 배가 되느니라 하시더라 마태복음 13:23

마음에 새기기

예배의 요소 중에는 '말씀'이 있습니다

1. 말씀은 은혜를 체험하고 회개를 촉구하게 하며 결단을 통해 성장을 이끄는 역할을 합니다.
2. 예배할 때 우리는 목회자의 입술을 통해 하나님의 말씀을 듣게 됩니다.

예배의 요소 중에는 '성례전'이 있습니다

1. 성례전은 예수님의 약속과 사역 및 교회의 연합을 상징합니다.
2. 성례전에는 물로 씻음 받아 새로워지는 세례(침례)와 떡과 포도주(그리스도의 몸과 피를 상징)를 나누는 성찬이 있습니다.

예배의 주요 요소 3

- 헌신과 교제 -

오늘 우리는...

- 이 과를 통해, 예배의 요소 가운데 헌신과 교제의 의미에 대해서 알게 됩니다.
- 이 과를 통해, 헌신과 교제와 관련하여 예배 순서의 종류에 대해서 알게 됩니다.

마음 문 열기

인도의 유명한 선교사 알렉산더 더프의 일화입니다. 1816년 스코틀랜드의 한 작은 교회에서 선교헌금을 하는 시간을 가졌습니다. 모인 성도들은 저마다 준비한 헌금을 바구니에 담아 드렸습니다.

그런데 헌금을 다 낸 후 헌금위원들이 헌금을 담아 강단 위에 놓으려고 할 때, 당시 열 살이었던 알렉산더 더프가 달려 나왔습니다. 그리고는 헌금 바구니에 앉았습니다. 그리고 이렇게 기도했습니다. "하나님 저는 헌금할 돈이 없습니다. 그래서 제 몸을 헌금으로 바칩니다. 받아 주옵소서."

그로부터 십사 년 후에 그는 그의 아내와 함께 캘커타에 도착해서 인도 선교에 일생을 바쳤습니다. 그곳에서 선교한 결과, 인도의 상류층뿐만 아니라 천민에 이르기까지 많은 사람이 예수님을 영접하고 하나님 품에 돌아오는 놀라운 역사가 나타나게 되었습니다. 십사 년 전, 진심 어린 한 소년의 헌신과 결단이 현실이 되어 더프 선교사는 인도 선교에 큰 업적을 남긴 귀한 인물이 되었습니다.

여기서 잠깐

오늘 하루, 내가 하나님께 드릴 수 있는 것에는
무엇이 있을까요?

1. 예배의 요소 5 -헌신-

가. 헌신의 의미

1) 나 자신을 하나님께 드리는 것

예배는 우리 자신을 하나님께 드리는 가장 확실한 행위이며, 모든 헌신의 기초입니다. 신앙의 선진들은 예배를 통해 헌신을 결심하고 위대한 삶을 살았습니다.

> 그러므로 형제들아 내가 하나님의 모든 자비하심으로 너희를 권하노니
> 너희 몸을 하나님이 기뻐하시는 거룩한 산 제물로 드리라
> 이는 너희가 드릴 영적 예배니라 로마서 12:1

2) 하나님의 일을 하는 것

진정한 헌신은 구체적인 하나님의 일을 하는 것이어야 합니다. 주님께서 나에게 시키신 일을 찾고, 발견하고, 실천하는 것입니다.

> 공의와 정의를 행하는 것은 제사 드리는 것보다
> 여호와(야훼)께서 기쁘게 여기시느니라 잠언 21:3

3) 하나님의 것을 잘 관리하는 것

우리의 모든 것은 하나님의 것입니다. 생명, 건강, 시간, 물질, 지식,

경험 등은 하나님께서 위탁하신 것일 뿐입니다. 성도의 삶은 하나님께서 맡겨 주신 것을 잘 관리하여 영적으로 거룩한 이윤을 남기는 것입니다.

> 주인의 뜻을 알고도 준비하지 아니하고 그 뜻대로 행하지 아니한 종은
> 많이 맞을 것이요 알지 못하고 맞을 일을 행한 종은 적게 맞으리라
> 무릇 많이 받은 자에게는 많이 요구할 것이요
> 많이 맡은 자에게는 많이 달라 할 것이니라 누가복음 12:47-48

그런데 우리가 반드시 기억해야 할 사실은 우리가 하나님께 먼저 헌신하는 것이 아니라 하나님께서 먼저 헌신하시고 자신을 우리에게 주셨다는 사실입니다. 하나님은 모든 것을 우리에게 주셨으며, 심지어 독생자까지 십자가에 내어 주셨습니다.

> 하나님의 사랑이 우리에게 이렇게 나타난 바 되었으니
> 하나님이 자기의 독생자를 세상에 보내심은
> 그로 말미암아 우리를 살리려 하심이라 요한1서 4:9

그러므로 우리의 헌신은 그저 하나님의 헌신에 감사하여 반응하는 것일 뿐입니다. 우리가 그 어떤 헌신을 했더라도 자랑하거나 교만해서는 안 됩니다.

나. 헌신과 관련된 예배 순서

1) 헌금

하나님의 다스림 가운데서 인간은 물질의 부유를 누릴 수 있게 되

었습니다. 그러므로 인간은 하나님의 영광을 위해 물질을 사용해야 하는데, 그 대표적인 행위가 바로 헌금입니다. 헌금은 하나님을 섬기는 마음과 하나님을 향한 감사의 마음이 물질로 표현된 것입니다.

각 사람이 네 하나님 여호와(야훼)께서 주신 복을 따라
그 힘대로 드릴지니라 신명기 16:17

헌금을 드릴 때는 미리 정성껏 준비하여 드려야 하며, 기쁨과 자원하는 마음으로 드려야 합니다. 또한 내가 하나님께 무엇인가를 베푸는 것이 아니라, 하나님의 것을 돌려드리는 마음으로 드려야 합니다.

헌금의 종류에는 주일헌금(주일 예배 때 드리는 헌금), 십일조(수입의 십분의 일을 드리는 헌금), 감사헌금(감사할 일이 있을 때 드리는 헌금)이 있고 이 외에도 교회마다 다양한 종류의 헌금(봉사헌금, 건축헌금, 금식헌금, 선교헌금 등)이 있습니다.

특히 수입 중 십분의 일을 하나님께 바치는 십일조는 하나님의 절대주권을 인정하는 것을 의미합니다. 십일조는 하나님께서 물질의 주인 되심을 인정하는 행위이며, 하나님은 십일조를 드리는 자에게 영육 간에 복을 주겠다고 약속하셨습니다.

만군의 여호와(야훼)가 이르노라 너희의 온전한 십일조를 창고에 들여
나의 집에 양식이 있게 하고 그것으로 나를 시험하여
내가 하늘 문을 열고 너희에게 복을 쌓을 곳이 없도록
붓지 아니하나 보라 말라기 3:10

2) 교회 봉사

예배는 정해진 예배 시간에만 국한되지 않습니다. 공식적인 예배 시간 이후의 모든 활동이 예배입니다. 그러므로 교회 안에서와 밖에서 '봉사'로 헌신하는 것 역시 예배입니다.

하나님은 우리에게 한 가지 이상의 은사를 허락하셨습니다. 이는 우리의 유익을 위해 사용하라는 것이 아니라 하나님의 일에 헌신하도록 주신 것입니다. 그러므로 공식적인 예배 시간 이후, 내가 할 수 있는 봉사를 찾아서 사역으로 헌신해야 합니다.

브살렐과 오홀리압과 및 마음이 지혜로운 사람
곧 여호와(야훼)께서 지혜와 총명을 부으사
성소에 쓸 모든 일을 할 줄 알게 하신 자들은
모두 여호와(야훼)께서 명령하신 대로 할 것이니라 출애굽기 36:1

각각 은사를 받은 대로 하나님의 여러 가지 은혜를 맡은
선한 청지기 같이 서로 봉사하라 베드로전서 4:10

2. 예배의 요소 6 - 친교 -

가. 친교의 의미와 역할

교회 공동체 내에서의 교제는 예수 그리스도의 복음 안에서 교제가 되어야 합니다. 단순한 사귐이나 목적을 위해 함께하는 모임과는 분명히 다릅니다.

무엇보다 성도들의 친교는 인간의 의지가 아닌 예수 그리스도의 사랑에 근거해야 합니다. 그 사랑에 근거하여 나의 만족을 채우기 위한 사랑이 아니라 타인을 위한 사랑을 실천해야 합니다. 그리할 때 성도는 친교를 통해 예수 그리스도를 닮아갈 수 있습니다.

그의 계명은 이것이니
곧 그 아들 예수 그리스도의 이름을 믿고
그가 우리에게 주신 계명대로 서로 사랑할 것이니라 요한1서 3:23

또한 친교는 하나님의 뜻입니다. 하나님은 무엇보다 하나님의 자녀가 서로 하나 되기를 원하십니다. 한마음이 되어 예배를 드리고, 한마음으로 교회 공동체가 되어가기를 원하십니다.

평안의 매는 줄로 성령이 하나 되게 하신 것을
힘써 지키라 에베소서 4:3

하나님의 뜻에 따라 진정한 친교를 나누려면 먼저 서로가 하나님의 자녀임을 인정해야 합니다. 자기 자신을 하나님의 자녀로서 소중히 여길 줄 알고 다른 사람들도 하나님의 자녀로서 귀하고 특별한 존재임을 인정해야 합니다. 예배에 모인 성도들 모두가 귀한 존재이고 영적으로 한 가족임을 인정한다면 한마음이 되어 예배할 수 있습니다. 이로써 하나님께서 기쁘게 받으시는 예배를 드릴 수 있습니다.

나. 친교와 관련된 예배 순서

1) 소식 나눔 및 광고

예배 시간에는 성도들의 소식을 서로 전하고 교회의 소식을 알리는 시간이 마련되어 있습니다. 이 시간은 단순히 공지사항을 전달하는 순서가 아닙니다. 하나님의 자녀가 서로에 대해 관심과 사랑을 나누는 중요한 자리이며, 예배의 한 부분입니다.

성경에는 성도들 간에 서로 문안하며 안부를 전하는 모습이 잘 나타나 있습니다. 특히 서신서에는 사도 바울이 각 교회 성도들에게 문안 인사를 하는 모습이 자주 등장합니다.

그리스도 예수 안에 있는 성도에게 각각 문안하라
나와 함께 있는 형제들이 너희에게 문안하고 빌립보서 4:21

성도들은 소식 나눔 및 광고의 시간을 가질 때, 예배의 형식적인 순서가 아니라 진심이 오가는 순서가 될 수 있게 해야 합니다. 인사를 나눌 때에도 진심을 담아 인사해야 하고, 교회와 성도들의 소식을 들을 때에도 관심을 가지고 하나하나 잘 기억해 두어야 합니다. 특히 중

보기도 해야 할 부분이 있다면 따로 기록해 두는 것도 필요합니다.

2) 소그룹 친교 모임

교회에는 공식적인 예배와 같은 대그룹 모임 외에도 소그룹 모임이 다양하게 존재합니다. 그곳에서의 모임에 참석할 때에도 예배의 연장이라는 마음으로 모여야 합니다. 소그룹 모임은 대개 공식적인 예배 후에 진행되지만, 예배의 한 순서라는 생각을 가지고 하나님이 기뻐하시는 친교를 나누어야 합니다.

무엇보다 모임 안에서나 소그룹 공동체 간에 분열이 일어나서는 안 됩니다. 초대교회 때 가장 큰 문제 중의 하나가 교회 내에 당을 짓는 문화였습니다. 이것은 하나님께서 엄격히 경계하시는 부분입니다. 소그룹으로 모임을 갖는 것은 모임을 통해 하나님을 찬양하고 하나님의 일을 하기 위함인데, 만약 서로 하나가 되지 않는다면 하나님은 그 정성을 받지 않으십니다. 그러므로 소그룹끼리, 혹은 소그룹 내에 분열이 있어서는 안 되며 주님 안에서 화목이 유지되는 모임을 만들어 가야 합니다.

형제들아 내가 우리 주 예수 그리스도의 이름으로 너희를 권하노니
모두가 같은 말을 하고 너희 가운데 분쟁이 없이
같은 마음과 같은 뜻으로 온전히 합하라 고린도전서 1:10

3) 식탁교제

교회에서는 대그룹이 함께, 혹은 소그룹별로 식탁교제를 나누기도 합니다. 이것은 단순히 식사 자체가 목적이 아닌, 예배의 한 모습으로 진행되어야 합니다.

초대교회 때는 함께 모여 떡을 떼고 그동안의 이야기를 나누면서 교제를 나누었습니다. 그리고 그 안에서 자연스럽게 하나님의 말씀을 듣고 그 말씀을 통해 받은 은혜를 나누었습니다. 예배의 순서가 따로 정해져있던 것이 아니라 이 자체가 예배였습니다. 오늘날 식탁교제 가운데에 이러한 예배의 모습이 드러나야 합니다.

날마다 마음을 같이하여 성전에 모이기를 힘쓰고
집에서 떡을 떼며 기쁨과 순전한 마음으로 음식을 먹고 사도행전 2:46

더불어 나눔

1. 주변에 어려움을 겪고 있는 지체가 있는지 떠올려 보고, 어떻게 도울 수 있는지(중보기도, 물질, 섬김)를 함께 고민하고 나누어 봅시다.

2. 올바른 마음가짐과 자세를 가지고 헌금을 드리고 있는지 돌아봅시다.

마음 밭에 심기

주제 말씀 암송

날마다 마음을 같이하여 성전에 모이기를 힘쓰고 집에서 떡을 떼며 기쁨과 순전한 마음으로 음식을 먹고 **사도행전 2:46**

마음에 새기기

예배의 요소 중에는 '헌신'이 있습니다

1. 헌신은 나 자신을 하나님께 드리고, 하나님의 일을 하며, 하나님의 것을 관리하는 것입니다.
2. 헌신과 관련된 예배 순서로는 헌금과 교회 봉사 등이 있습니다.

예배의 요소 중에는 '친교'가 있습니다

1. 친교는 자녀 간에 하나되기를 원하시는 하나님의 뜻임을 기억하며, 예수님의 사랑에 근거하여 참된 사랑을 나누어야 합니다.
2. 친교와 관련된 예배 순서로는 성도들 간에 소식 나눔, 소그룹 친교 모임, 식탁교제 등이 있습니다.

제6과

예배자의 자세와 준비

오늘 우리는...

- 이 과를 통해, 예배자가 어떤 자세로 예배에 임해야 하는지 알게 됩니다.
- 이 과를 통해, 예배 순서를 맡은 담당자들이 예배를 위해 어떤 준비를 해야 하고 어떤 마음가짐을 가져야 하는지 알게 됩니다.

마음 문 열기

초등학교 5학년 때 한쪽 눈을 실명하고 21살 때 양쪽 눈을 실명하게 된 임 택 선생의 이야기입니다. 그는 두 눈을 잃은 상태에서 피부병과 구내염, 관절병과 고혈압 합병증으로 하루하루를 고통 속에 지냈습니다. 그가 앓고 있는 병명은 '베제트'라고 하는 병이었습니다. 음식물은 물론 물도 잘 먹지 못해 토하는 일이 빈번했습니다. 의사는 물론 가족들도 그를 포기했습니다.

그러던 어느 날, 그는 교회의 부흥회에 참석하게 되었고 그곳에서 예수님을 만나 삶의 변화를 경험하였습니다. 세상 모든 사람이 자신을 포기했지만, 하나님은 포기하지 않으셨음을 깨달았습니다. 그는 그때부터 매일같이 새벽예배를 하며 회복의 은혜를 누렸습니다.

하루는 새벽예배에 나와 기도하는 중에 새벽예배에 반주자가 없다는 사실을 깨달았습니다. 임 택 선생은 앞을 보지 못함에도 피아노 반주를 통해 예배를 섬기려는 마음을 품었고, 열심히 피아노를 배우고 연습하여 예배의 반주를 하게 되었습니다. 그 후 십 여 년 동안 피아노 봉사를 놓지 않았습니다. 오히려 작곡, 편곡, 피아노 조율을 배워서 세계적인 미디어 뮤지션이 되기 위해 꿈을 가지고 공부하였습니다. 그 결과 예배 반주자가 되는 영광과 함께 세상에서도 하나님의 이름을 높여 드리는 자가 되었습니다.

여기서 잠깐

우리는 예배를 드리기 위해, 그리고 예배를 준비하기 위해 얼마나 많은 노력을 하고 있습니까?

1. 예배자의 자세

가. 기대하고 사모하기

예배당에 성경책을 들고 들어가는 것보다 더 중요한 것은 하나님을 경배하고 사모하는 마음을 품는 것입니다. 하나님을 예배하는 것에 대한 기대함과 사모함 없이 예배의 자리에 나아간다면 예배는 형식적인 행위에 지나지 않습니다. 예배는 어떤 예식이나 행사가 아닌, 하나님과 만나는 자리라는 사실을 기억해야 합니다.

시편 기자는 하나님을 찾는 마음이 아침을 기다리는 파수꾼의 간절한 마음보다 더하다고 고백하고 있습니다. 이처럼 예배 가운데 하나님의 임재를 간절히 기다리는 마음이 참 예배자의 마음입니다.

파수꾼이 아침을 기다림보다 내 영혼이 주를 더 기다리나니
참으로 파수꾼이 아침을 기다림보다 더하도다 시편 130:6

나. 찬양으로 하나님을 높이기

곡조 있는 노래로 찬양을 부르는 것만이 찬양이 아니라, 예배 자체가 찬양입니다. 하나님께 올려드리는 예배의 모든 순서가 하나님을 높이는 찬양이 되어야 합니다.

예배는 나의 만족과 유익을 얻기 위한 자리가 아닙니다. 예배 가운데 우리가 얻는 은혜와 유익은 예배의 결과이지 예배의 이유가 되어서는 안 됩니다. 우리는 오직 하나님 한 분만을 높이고 하나님께만 영광 돌리기 위해 예배의 자리에 나아가야 합니다. 시와 찬미와 신령한 노래로 하나님께 감사와 경배의 찬양을 드려 주님을 기쁘시게 해야 합니다.

시와 찬송과 신령한 노래들로 서로 화답하며
너희의 마음으로 주께 노래하며 찬송하며 에베소서 5:19

그리스도의 말씀이 너희 속에 풍성히 거하여
모든 지혜로 피차 가르치며 권면하고 시와 찬송과 신령한 노래를 부르며
감사하는 마음으로 하나님을 찬양하고 골로새서 3:16

다. 예배 자체를 기뻐하기

예배는 종교 활동을 위해 억지로 지켜야 하는 규례가 아닙니다. 예배를 통해 하나님께서는 우리를 직접 만나 주십니다. 이 사실은 인간이 누릴 수 있는 가장 큰 영광이 아닐 수 없습니다. 그러므로 우리는 예배 자체를 행복과 기쁨으로 여겨야 합니다. 예배의 자리는 그 어떤 즐거운 자리와도 비교할 수 없는 자리가 되어야 합니다.

주의 궁정에서의 한 날이 다른 곳에서의 천 날보다 나은즉
악인의 장막에 사는 것보다 내 하나님의 성전 문지기로
있는 것이 좋사오니 시편 84:10

온전한 예배로 하나님을 영화롭게 해드리면 특별히 은혜를 구할 필요가 없습니다. 하나님께서 예배를 기쁘게 받아 주시는 그 자체가 우리에게 은혜가 되기 때문입니다. 이러한 마음으로 바른 예배를 드리기만 하면 하나님의 품 안에서 신비로운 행복을 맛볼 수 있습니다.

라. 깨끗한 마음으로 예배하기

예배자는 예배의 자리로 나아올 때 철저히 회개를 해야 합니다. 그동안 지었던 죄를 회개하고 깨끗한 마음으로 나아올 때, 하나님께서 기쁘게 받으시는 예배를 드릴 수 있습니다.

특히 누군가를 미워하고 원망하는 마음이 남아 있는 채로 예배를 드리려고 해서는 안 됩니다. 하나님과의 화목한 관계를 위해 먼저 형제와 이웃과의 화목을 이루어야 합니다.

예물을 제단 앞에 두고 먼저 가서 형제와 화목하고
그 후에 와서 예물을 드리라 마태복음 5:24

마. 성령님을 의지하는 예배

하나님께서 기뻐하시는 예배를 드리기 위해서는 우리의 의지와 노

력도 중요하지만, 반드시 성령님의 기름 부으심이 있어야 합니다. 예배는 우리의 헌신도 요구되지만, 하나님의 은혜가 필요한 자리이기 때문입니다. 그러므로 우리는 성령님을 의지하면서 앞서 언급한 자세들을 겸비하고자 노력해야 합니다.

하나님은 영이시고 인간은 육으로 된 존재이기 때문에 우리가 하나님과 교제하고 교통한다는 것은 사실상 불가능한 일입니다. 그러나 성령님이 도우시면 우리는 예배 가운데서 영이신 하나님의 임재하심을 느끼고 하나님의 음성을 들을 수 있습니다.

이와 같이 성령도 우리의 연약함을 도우시나니
우리는 마땅히 기도할 바를 알지 못하나 오직 성령이 말할 수 없는
탄식으로 우리를 위하여 친히 간구하시느니라 로마서 8:26

바. 몸가짐을 바르게 하기

예배를 준비하기 위해서는 바른 마음만이 아니라 바른 몸가짐도 필요합니다. 이를 위해 적어도 예배 시작 10분 전에는 예배당에 도착해서 자리에 앉아야 합니다. 헌금 역시 미리 준비하여 기쁜 마음으로 드려야 합니다. 설교 시간에는 성경을 펴놓고 적극적인 자세로 말씀을 들어야 합니다. 그리고 특별한 경우를 제외하고는 주변 사람들과 이야기하는 것을 자제해야 합니다.

2. 예배담당자의 역할과 준비

예배 시 말씀, 기도, 찬양, 사회 등을 맡은 예배담당자는 하나님과 예배자를 은혜롭게 이어 주는 연결고리 역할을 합니다. 그러므로 맡은 부분에 대해 철저한 사명의식을 갖고 예배를 인도해야 합니다.

가. 찬양인도자의 역할

찬양인도자는 회중이 하나님의 임재하심을 체험할 수 있도록 돕는 예배자입니다. 그러므로 찬양인도자는 음악적 재능보다 올바른 영성을 갖는 것이 우선입니다.

찬양인도자는 이 사실을 늘 기억하면서 찬양을 선정하는 것에서부터 기도로 준비해 나가야 합니다. 짧은 시간 인도하는 것이라고 할지라도 미리 충분한 기도로 준비해야 하고, 찬양인도를 하는 동안에도 계속해서 하나님의 도우심을 구해야 합니다. 그리고 무엇보다도 인도자 자신이 하나님의 임재하심 가운데 깊이 들어가는 체험을 맛보아야 합니다.

나. 사회자의 역할

사회자는 예배의 순서를 이끄는 역할을 합니다. 그런데 단순히 순서를 이끌어 주는 역할만이 아니라 예배를 영적인 분위기로 이끌어 주는 역할까지 수행합니다. 그러므로 사회자는 모든 성도가 예배에 진지하게 동참할 수 있도록 인도해야 합니다.

이를 위해서 사회자는 기도하는 마음으로 예배의 순서를 이끌어 나가야 합니다. 또한 예배 순서와 각 순서의 담당자, 그리고 설교 본문 말씀 등을 미리 숙지하여 실수가 없도록 해야 합니다.

다. 설교자의 역할

설교자는 하나님의 말씀을 증거하는 역할을 감당합니다. 그러므로 자신의 말이 아닌 하나님의 뜻이 온전하게 선파될 수 있도록 해야 합니다. 본문을 정하는 것부터 하나님의 인도하심을 구해야 하고, 철저한 묵상과 올바른 성경 해석을 위한 노력을 수반해야 합니다.

성도들은 성경을 읽을 때 어떻게 이해해야 하고 어떻게 삶에 적용해야 할지 잘 모르는 경우가 많습니다. 그러므로 설교자는 설교 시간에 성경 말씀을 잘 풀어서 그 뜻을 설명할 뿐 아니라 성도들이 삶 속에서 구체적으로 적용할 수 있도록 도와주어야 합니다. 설교자는 이러한 설교의 중요성을 기억하고 사명감을 가져야 하며, 하나님의 말씀이 성도들의 삶에 생명으로 다가갈 수 있도록 꾸준히 기도하고 준비해야 합니다.

라. 대표기도자의 역할

대표기도는 회중 전체를 대표하여 하나님께 기도하는 것입니다. 그러므로 마음과 입술이 온전히 하나님을 향해 있어야 하고, 성도들에게 교훈하려고 해서는 안 됩니다. 또한 개인기도의 자리가 아니기 때문에 기도 시간이 3-4분을 넘지 않는 것이 좋고, 중언부언하지 않아야 합니다.

마. 성가대의 역할

성가대는 가급적 설교 주제와 일치되는 찬양을 선곡해야 합니다. 그리고 충분한 연습 후에 예배에 임해야 합니다. 성가를 부를 때에는 음악적인 면뿐만 아니라 성가곡의 메시지가 잘 전달될 수 있도록 가사 전달에도 유의해야 합니다. 특별히 성가대는 대부분 성도의 주목을 받는 위치에 앉는 경우가 많으므로 예배 시간에 바른 예배 자세를 유지하도록 노력해야 합니다.

바. 안내위원의 역할

성도들과 새가족을 맞이하는 안내위원은 사명과 은사가 확실해야 하며, 선한 이미지와 단정한 모습을 늘 유지하려고 노력해야 합니다. 또한 적어도 예배 30분 전에 안내 위치에 도착하여 성도들을 맞을 준비를 해야 합니다. 그리고 예배 시작 때만이 아니라 예배 시간 내내 성도들을 수시로 살피며 예배 분위기가 흐트러지지 않도록 신경을 써야 합니다. 특히 교회에 처음 나온 새가족들이 예배에 잘 적응하고 교회의 환경에 어색해하지 않도록 이끌어 주어야 합니다.

더불어 나눔

1. 온전한 마음으로 준비하여 예배에 참석했을 때와 그렇지 못했을 때의 차이를 경험한 적이 있다면 함께 나누어 봅시다.

2. 돌아오는 주일 예배를 위해 우리가 미리 준비해야 할 것이 무엇인지 알아보고 그 준비를 위해 먼저 기도하는 시간을 가져 봅시다.

마음 밭에 심기

주제 말씀 암송

주의 궁정에서의 한 날이 다른 곳에서의 천 날보다 나은즉 악인의 장막에 사는 것보다 내 하나님의 성전 문지기로 있는 것이 좋사오니 시편 84:10

마음에 새기기

예배자는 예배하기에 앞서 온전한 자세를 갖추기 위해 노력해야 합니다

1. 예배하기 전에 하나님을 경배하고 사모하는 마음을 품고 들어가야 합니다.
2. 예배를 통해 오직 하나님만 높아지시기를 기대해야 합니다.
3. 예배 자체가 내가 누릴 수 있는 최고의 행복임을 인정하고 즐거워해야 합니다.
4. 철저한 회개를 통해 깨끗한 마음으로 예배의 자리에 나와야 합니다.
5. 예배 가운데 성령님의 기름 부으심을 구해야 합니다.
6. 예배자로서 단정하고 바른 몸가짐이 필요합니다.

예배담당자들은 온전한 예배를 위해 영육 간에 철저히 준비해야 합니다

1. 찬양인도자는 회중이 하나님의 임재하심을 체험할 수 있도록 준비해야 합니다.
2. 사회자는 예배를 영적인 분위기로 이끌어야 하며 순서와 본문 등을 숙지해야 합니다.
3. 설교자는 하나님의 뜻만이 전파되도록 준비 과정에서부터 하나님의 인도하심을 구해야 합니다.
4. 대표기도자는 전체를 대표하여 하나님께 기도하는 것임을 기억하며 하나님만 바라보고 기도해야 합니다.
5. 성가대는 충분한 연습을 해야 하며, 오직 찬양이 하나님께 드려질 수 있도록 해야 합니다.
6. 안내위원은 단정한 모습을 갖추고 예배 분위기가 흐트러지지 않도록 주의를 기울여야 합니다.

제7과

예배의 삶

오늘 우리는...

- **이 과를 통해, 왜 예배가 삶으로 연장되어야 하는지 알게 됩니다.**
- **이 과를 통해, 삶의 예배를 드리기 위한 구체적인 방법에 대해 알게 됩니다.**

마음 문 열기

미국에 엘비스 프레슬리라고 하는 유명한 가수가 있었습니다. 그의 노래만 나오면 모든 미국인들이 열광했습니다. 그렇게 유명세를 누리던 어느 날 그가 약물중독으로 갑자기 죽었습니다. 그가 누린 명예와 부는 한 순간에 물거품이 되고야 말았습니다.

그런데 그는 놀랍게도 과거에 교회에 열심히 출석하던 크리스천이었습니다. 한때는 교회 성가대원으로 열심히 봉사했던 사람이었습니다. 그래서 초기에는 복음성가 음반도 많이 만들었습니다. 그러나 세상적으로 인기가 올라가자 우선순위가 바뀌게 되었던 것입니다. 처음에는 하나님이 첫 번째였으나 점점 하나님을 뒷전에 두게 되었습니다. 명예와 인기가 하늘로 치솟듯이 올라가자 하나님을 멀리 떠났고, 결국 화려해 보이지만 실상은 절망뿐인 삶을 살게 되었습니다.

이처럼 하나님께서 주신 선물을 하나님을 높여 드리는 데 사용하지 않고 재능, 인기, 명예, 돈을 따라가면 비참한 결과를 맞이하게 됩니다.

여기서 잠깐

우리의 삶이 하나님을 높이는
예배의 삶이 되기 위해서는 어떻게 해야 할까요?

1. 예배의 삶을 살아야 하는 이유

예배는 삶과 동떨어진 것이 아니라 삶의 일부분입니다. 또한 예배는 하나님을 향해 나가는 것과 동시에 세상을 향해 나아가는 것입니다. 그러므로 교회에서 드리는 예배만이 예배의 전부가 아닙니다. 우리는 예배를 삶으로 연장시켜야 합니다.

성경은 우리가 살아 있는 제물이라고 말씀합니다. 이는 다른 무엇인가를 하나님께 바치는 제물로 드리기 이전에 우리 자신과 삶 자체가 하나님께 온전히 드려져야 함을 의미합니다.

그러므로 형제들아 내가 하나님의 모든 자비하심으로 너희를 권하노니
너희 몸을 하나님이 기뻐하시는 거룩한 산 제물로 드리라
이는 너희가 드릴 영적 예배니라 로마서 12:1

또한 성경은 우리가 하나님의 성전이라고 말씀하고 있습니다. 우리는 어디에 가든지 내가 하나님의 성전이라는 생각을 가지고 거룩한 예배를 삶 속에서 이어가야 합니다.

너희는 너희가 하나님의 성전인 것과
하나님의 성령이 너희 안에 계시는 것을 알지 못하느냐 고린도전서 3:16

삶의 예배를 드리는 것은 찬양, 기도, 말씀과 같은 예배의 순서를 삶 속에서 계속 진행시켜나가는 것만을 의미하지 않습니다. 모든 활동 가운데서 하나님을 기쁘시게 하고자 노력하는 것, 모든 순간마다 하나님의 뜻을 따르고자 힘쓰는 것, 이 모두가 삶의 예배를 드리는 모습입니다. 어느 때에든지 어느 곳에서든지 우리의 생각과 마음을 하나님께 드리면 그곳이 예배의 자리가 됩니다.

2. 예배의 삶을 사는 방법 1 -마음으로-

예배의 삶을 살아가려면 하나님이 기뻐하시는 마음을 갖는 것부터 시작해야 합니다.

가. 항상 기뻐하기

예배 시간 중에 우리는 경건하고 기쁜 마음으로 예배를 드리려고 노력합니다. 아무리 기분 나쁜 일이 있다 할지라도 인상을 쓰거나 성을 내지 않습니다. 우리의 삶도 예배이기에 같은 마음과 자세가 뒤따라야 합니다. 우리의 삶 전체가 하나님 앞에 예배가 되게 하려면 우리 삶 가운데 늘 기쁨이 넘쳐야 하는 것입니다.

항상 기뻐하라 데살로니가전서 5:16

항상 기뻐하는 것은 세상적인 조건을 충족했다고 해서 가능한 일이 아닙니다. 항상 기뻐하는 것은 하나님을 온전히 신뢰할 때 가능합니다. 근심하고 염려할 일이 생길 수 있지만, 우리는 그것을 능히 해결하실 하나님을 믿기 때문에 기뻐할 수 있습니다. 이런 신뢰의 마음에서 흘러넘치는 기쁨을 누리는 것이 매순간 하나님을 예배하는 모습입니다.

너희는 마음에 근심하지 말라
하나님을 믿으니 또 나를 믿으라 요한복음 14:1

나. 쉬지 말고 기도하기

쉬지 말고 기도하라는 것은 24시간 입술을 움직여 기도하라는 뜻이 아닙니다. 매순간 하나님을 철저히 의지하는 것이 곧 쉬지 않고 기도하는 것입니다. 또한 어떤 상황에서도 하나님을 잊지 않는 것이 하나님과 교제하고 대화는 모습입니다.

쉬지 말고 기도하라 데살로니가전서 5:17

예배는 하나님과 만나고 하나님과 함께하는 자리입니다. 그러므로 내가 마음으로 하나님을 늘 기억하고 하나님의 도우심을 늘 구하고 있다는 것은 쉬지 않고 기도하는 것임과 동시에 예배의 삶을 살아가고 있음을 보여 줍니다.

다. 범사에 감사하기

하나님을 향한 신뢰와 경배는 감사의 고백으로 이어집니다. 하나님이 나를 사랑하시고 나를 인도하신다는 사실을 온전히 믿는다면 모든 것이 감사일 수밖에 없습니다.

범사에 감사하라 이것이 그리스도 예수 안에서
너희를 향하신 하나님의 뜻이니라 데살로니가전서 5:18

하나님은 감사의 고백이 담긴 예배를 드릴 때 기뻐 받으신다고 하셨습니다. 삶의 예배도 마찬가지입니다. 하나님의 모든 역사 가운데서 감사의 고백과 찬양을 드려야 합니다.

감사로 제사를 드리는 자가 나를 영화롭게 하나니
그의 행위를 옳게 하는 자에게
내가 하나님의 구원을 보이리라 시편 50:23

3. 삶의 예배를 드리는 방법 2 -구체적인 실천으로-

하나님을 기쁘시게 하는 마음을 품었다면 그 마음을 바탕으로 구체적인 실천을 이어가야 합니다.

가. 개인의 생활 속에서

삶의 예배는 꾸준한 경건생활로 나타납니다. 하나님의 뜻대로 사는 삶을 위해서는 영의 양식인 하나님의 말씀을 꾸준히 먹어야 합니다. 그 가운데서 믿음이 자라나고 그 믿음을 바탕으로 삶의 예배에서 성공할 수 있습니다.

그러므로 누구든지 나의 이 말을 듣고 행하는 자는
그 집을 반석 위에 지은 지혜로운 사람 같으리니 비가 내리고
창수가 나고 바람이 불어 그 집에 부딪치되 무너지지 아니하나니
이는 주추를 반석 위에 놓은 까닭이요 마태복음 7:24-25

그러므로 믿음은 들음에서 나며 들음은
그리스도의 말씀으로 말미암았느니라 로마서 10:17

나. 가정 안에서

예수님은 예배하기 전에 먼저 형제와 화목하라고 하실 정도로 화목을 중시하셨습니다. 이것은 화목이 예배와 연결되어 있음을 알게 해줍니다. 우리는 우리 삶에 화목을 실천해야 하고 이런 삶을 이어갈 때 하나님께 온전한 예배를 드릴 수 있음을 늘 기억해야 합니다. 특히 가족 간에 먼저 화목하고 하나가 되어야 합니다.

예물을 제단 앞에 두고 먼저 가서 형제와 화목하고
그 후에 와서 예물을 드리라 마태복음 5:24

또한 가정에서 자신의 역할을 잘 감당하는 것 역시 예배자로서 살아가는 것입니다. 하나님께서 각자에게 맡겨 주신 사명을 감당하는 것이 하나님의 자녀답게 살아가는 모습이자 하나님께서 기뻐하시는 삶이기 때문입니다. 특히 주어진 역할에 최선을 다하되, 가족구성원으로서의 역할부터 바로 감당하고자 힘써야 합니다. 가정 안에서 먼저 자신의 책임을 다할 때, 건강한 삶의 모습이 가정 밖으로 이어질 수 있기 때문입니다.

전에 하나님께 소망을 두었던 거룩한 부녀들도 이와 같이
자기 남편에게 순종함으로 자기를 단장하였나니
사라가 아브라함을 주라 칭하여 순종한 것 같이 너희는 선을 행하고
아무 두려운 일에도 놀라지 아니하면 그의 딸이 된 것이니라
남편들아 이와 같이 지식을 따라 너희 아내와 동거하고
그를 더 연약한 그릇이요 또 생명의 은혜를 함께 이어받을 자로 알아
귀히 여기라 이는 너희 기도가 막히지 아니하게 하려 함이라

베드로전서 3:5-7

다. 친구와 이웃 간에

삶의 예배는 내가 하나님의 말씀 안에 거하는 것과 더불어 하나님의 말씀을 증거하는 것으로 이어져야 합니다. 사마리아 여인은 예수

님을 뵙고 난 후, 가장 먼저 사람들을 찾아가 예수님을 증거했습니다. 이것은 예배를 자신의 삶으로 연장시키는 모습입니다.

> 여자가 물동이를 버려 두고 동네로 들어가서 사람들에게 이르되
> 내가 행한 모든 일을 내게 말한 사람을 와서 보라
> 이는 그리스도가 아니냐 하니 요한복음 4:28-29

믿는 사람 간에도 하나님의 말씀을 나누는 모습이 나타나야 하고, 그 속에서 자신이 받은 은혜를 공유해야 합니다. 또한 믿지 않은 사람에게도 복음을 증거함으로써 교회 안에서만 말씀이 선포되는 것이 아니라, 교회 밖에서도 하나님의 진리의 말씀이 선포될 수 있어야 합니다.

그뿐만 아니라 하나님의 사랑을 전하는 것 역시 삶의 예배입니다. 독생자까지 우리에게 내어 주신 하나님의 조건 없는 사랑이 우리 삶에서 조금씩이라도 나타나도록 노력해야 합니다. 하나님은 예배자가 예배 가운데 얻은 은혜와 사랑을 나누고 베풀기 원하십니다. 물질이나 따뜻한 말, 기도로 이웃을 섬길 때 그 자리는 하나님께서 함께하시는 예배의 자리가 됩니다.

> 주라 그리하면 너희에게 줄 것이니 곧 후히 되어 누르고
> 흔들어 넘치도록 하여 너희에게 안겨 주리라
> 너희가 헤아리는 그 헤아림으로
> 너희도 헤아림을 도로 받을 것이니라 누가복음 6:38

라. 일터와 사회에서

우리의 예배를 받으실 분은 오직 하나님 한 분이십니다. 다른 것이 우리의 삶을 지배하고 다스려서는 안 됩니다. 이를 위해 세상의 기준과 유행에 휩쓸리지 않고 오직 하나님의 다스리심을 간구하고 의지해야 합니다.

너희는 이 세대를 본받지 말고 오직 마음을 새롭게 함으로
변화를 받아 하나님의 선하시고 기뻐하시고 온전하신 뜻이
무엇인지 분별하도록 하라 로마서 12:2

모든 나라 가운데서 이르기를 여호와(야훼)께서 다스리시니
세계가 굳게 서고 흔들리지 않으리라
그가 만민을 공평하게 심판하시리라 할지로다 시편 96:10

또한 모든 상황 속에서 하나님의 의를 실천해야 합니다. 예배자는 진실함으로 하나님 앞에 서야 하는 존재입니다. 그러므로 삶이 예배로 이어지기 위해서는 매 순간 정직과 공의를 실천하고자 노력해야 합니다.

오직 정의를 물 같이,
공의를 마르지 않는 강 같이 흐르게 할지어다 아모스 5:24

더불어 나눔

1. 삶의 예배를 드리기 위해 이번 주 내가 친구와 이웃을 위해 할 수 있는 것을 세 가지 정도 말해 봅시다.

2. 거룩한 성전으로서 하루하루를 살아왔는지 돌아보고, 나를 그런 존재로 바라보시는 하나님의 마음을 기억하며 앞으로 더욱 거룩하게 살아갈 것을 결단해 봅시다.

마음 밭에 심기

주제 말씀 암송

그러므로 형제들아 내가 하나님의 모든 자비하심으로 너희를 권하노니 너희 몸을 하나님이 기뻐하시는 거룩한 산 제물로 드리라 이는 너희가 드릴 영적 예배니라 로마서 12:1

마음에 새기기

우리는 삶의 예배를 드려야 합니다

1. 예배는 삶과 동떨어진 것이 아니라 삶의 일부분입니다.
2. 우리는 하나님의 성전이자 산 제물로서 매순간 하나님께 예배해야 합니다.

마음으로 매순간 하나님께 예배해야 합니다

1. 하나님을 향한 믿음을 바탕으로 하여 늘 기뻐할 수 있어야 합니다.
2. 매순간 하나님을 의식하고 의지함으로 기도를 이어 나가야 합니다.
3. 하나님의 사랑을 확신하고 그런 확신이 모든 것에 대한 감사로 이어져야 합니다.

구체적인 실천으로 하나님께 예배해야 합니다

1. 꾸준한 경건생활을 통해 하나님의 말씀과 가까이해야 합니다.
2. 가족과 화목하고 하나님이 맡겨 주신 책임을 완수하고자 노력해야 합니다.
3. 하나님께 받은 은혜를 친구와 이웃 간에 나누고 하나님께 받은 사랑을 나눌 수 있어야 합니다.
4. 사회에서 하나님의 통치가 임하길 간구하고 정의와 공의를 실천하고자 노력해야 합니다.

제8과

예배 학교 워크북

오늘 우리는...

- 이 과를 통해, 예배를 준비하기 위한 외부적인 요인들에 대해 점검할 수 있게 됩니다.
- 이 과를 통해, 열린 예배에 대한 전반적인 이해를 갖게 됩니다.

마음 문 열기

2차 세계대전 이후 독일은 폐허가 되었습니다. 당시 독일의 한 도시에는 커다란 교회가 있었는데 그 교회 역시 비가 새고 아치는 무너지고 창문은 다 깨어진 상황이었습니다. 기둥은 기울어져 있었습니다.

그때 어떤 한 사람이 쓰러져 가는 교회의 창립 700주년을 기념하는 계획을 세웠습니다. 이 소식은 퍼져 나갔고, 700주년을 기념하는 그날 폐허된 교회에는 3만여 명의 독일인들이 모여들었습니다. 700주년 기념예배가 시작되자 많은 사람이 마음을 모아 하나님을 찬양했고 그 찬양과 함께 오랫동안 막혔던 감사의 고백이 터지기 시작했습니다. 그리고 그 교회를 700년 동안 지켜 주신 하나님을 신뢰하기 시작했습니다. 그리고 용기를 얻어 폐허가 되어 가는 교회를 복구하기로 했습니다.

교회는 놀랍게 변화되어 갔고 교회를 복구하는 동안 좌절해 있던 독일 국민에게는 새 힘이 솟기 시작했습니다. 그리고 교회 복구와 더불어 독일을 다시 재건하는 일들이 진행되었습니다. 그들은 집과 학교, 그리고 회사를 지었습니다. 결국 그 도시는 위대한 기적을 이루게 되었습니다.

여기서 잠깐

예배를 우선시할 때 다른 것들도
회복되기 시작하는 이유는 무엇일까요?

1. 예배 준비 및 점검

가. 예배 환경 체크 리스트

은혜로운 예배를 위해서는 예배담당자의 준비가 중요합니다. 그렇지만 예배당 준비도 소홀히 할 수 없는 부분입니다. 예배당 환경과 관련하여 체크해야 할 부분은 다음과 같습니다.

항목	점검상태
1. 예배 횟수(1부, 2부 등)에 따른 시간이 적절하게 안배되어 있다.	
2. 예배당 안내 표시가 여러 곳에 부착되어 눈에 잘 띈다.	
3. 예배당의 온도, 소음도, 조명 상태 등이 양호한 편이다.	
4. 음향시설은 예배 시간 이전에 최상의 상태로 조절되어 있다.	
5. 강대상의 높이나 크기가 예배당 규모와 조화를 이루고 있다.	
6. 좌석 배치가 여유로워 성도들이 앉고 일어서는데 불편함이 없다.	
7. 예배당은 늘 청결한 상태를 유지하고 있다.	

8. 예배 시간 내내 유아 관리가 잘 이루어지고 있다.	
9. 노약자나 지체장애 교우를 배려한 시설이나 좌석이 있다.	
10. 예배 안내위원들이 효과적으로 예배를 섬기고 있다.	

※ 참고자료 : 새들백교회의 예배 평가서

| 예배 평가서 |

"탁월해지기 위해서 평가하라"

날짜 : 년 월 일 예배 시간 ________________

〈외부〉

교통 흐름 ________________

주차 ________________

안내판 ________________

적절한 안내 ________________

화장실 청결 여부 ________________

교회 주변 청결 여부 ________________

안내 데스크 ________________

간식 ________________

기타 ________________

〈교회학교〉

찾기 쉬웠는가? ______________________________

안내원의 정보는 도움이 되었는가? ______________________

교회학교에 대한 평가 ___________________________

기타 _________________________________

〈예배당〉 – 외부 정돈과 분위기

청결함 ________________________________

강단과 장식 ______________________________

좌석 배치 ______________________________

음향시설 _______________________________

조명 _________________________________

주보 _________________________________

안내원들의 태도 ____________________________

기타 _________________________________

〈예배〉

예배에 대한 평가 ____________________________

기타 _________________________________

나. 예배의 하드웨어 운용

컴퓨터를 잘 쓰려면 소프트웨어(운영체계, 프로그램)뿐만 아니라 하드웨어(부품, 주변장치)를 아는 것이 필요합니다. 예배도 마찬가지입니다. 순서, 담당자 등 소프트웨어가 훌륭해야 하지만 장비, 시설 등 하드웨어의 최적을 유지하도록 해야 합니다.

1) 음향(Audio) 장비

– 마이크 : 설교 및 악기 소리를 입력받는 장비

마이크에 의해 그 음질이 크게 좌우되는 만큼, 마이크의 특성을 정확히 이해하고 신중히 선택해야 합니다.

– 믹싱콘솔 : 입력받은 소리의 음색, 볼륨 등을 조절하는 장비

앰프에서 소리를 증폭할 수 있도록 여러 다른 입력들의 레벨을 조정하고 음색을 조정하며 다양한 효과를 더한 다음 출력하는 기계입니다.

– 앰프 : 믹싱콘솔을 통해 나온 소리신호를 증폭시켜 스피커로 보내는 출력장비

트랜지스터나 진공관 등을 이용하여 입력 신호보다 큰 출력 신호를 내는 장치입니다.

– 스피커 : 앰프에서 나온 신호를 우리가 들을 수 있는 소리로 변환해 주는 장비

전기적 진동을 우리 귀는 소리로 느끼게 하는 물체의 진동으로 변환시켜 줍니다.

| 바른 운용 |

- 담당자(엔지니어)의 훈련된 귀가 가장 중요합니다.
- 담당자는 예배 분위기를 읽으며 예배당 음향 상태를 꾸준히 확인합니다.
- 찬양을 할 때에는 인도자의 목소리가 악기 소리에 묻히지 않도록 신경을 씁니다.

2) 영상(Video) 장비

- 비디오카메라 : 동영상 이미지와 소리를 내부 기억 장치에 기록하는 장치

일반 교회에서는 보통 CCTV카메라(고정용)나 가정용 캠코더를 사용합니다.

- 프로젝터 : 대형 스크린에 영상(화면)이나 컴퓨터 화면을 보여 주는 장비

프로젝터는 화면이 밝고 선명한 것을 선택해야 하며, 램프 교환 등의 사후 관리에도 신경을 써야 합니다.

- 비디오믹서(스위처) : 입력된 여러 영상을 자연스럽게 전환해 주는 장비

비디오믹서는 재생용 VCR에서 녹화용 VCR로 편집할 때, 어셈블리 편집, 인서트 편집을 가능하게 하고, 화면 전환(컷, 페이드, 디졸브, 와이프)도 할 수 있으며, 음향의 입력 레벨을 조정할 수 있는 등 여러 가지 기능을 조절하고 통제하는 장비입니다.

- 자막기 : 찬양 또는 설교 메시지를 영상에 합성하여 화면으로 보여 주는 장비

설명이 필요하다고 생각되는 장면에 글자를 넣을 수 있는 장비입니다.

| 바른 운용 |

- 담당자는 예배 시간에 영상 장비를 사용함에 있어 설교자와 긴밀히 협력해야 합니다.
- 예배 중에 지나치게 카메라를 이동하거나 불안하게 화면을 잡지 않아야 합니다.
- 찬양 중에 자막기를 사용할 경우 약간 빨리(0.5초) 다음 가사로 넘어갑니다.

3) 조명(Lamp) 장비

- 할로겐 램프 : 가장 일반적인 강대상 조명

유리관 내부에 있는 필라멘트를 광원으로 하는 일반적인 조명기구입니다.

- 파라이트 효과 램프

드라마 같은 특별 프로그램 진행 시 사용합니다.

| 바른 운용 |

- 조명선(line)은 음향라인과 가급적 붙여 놓지 않도록 합니다.
- 설교자나 예배인도자가 눈이 부시지 않도록 설치 위치를 잘 조정합니다.
- 조명이 사람의 눈에 직접 반사되지 않도록 주의합니다.

2. 삶의 예배를 위한 체크리스트

주일과 평일, 자신의 신앙생활이 어떠한가에 대해 체크해 봅니다. 일상생활과 신앙생활이 단절되고 있지는 않은지 각 문항에서 자기 자신에게 솔직하게 대답함으로 자신을 돌아볼 수 있는 시간을 갖습니다.

점검 내용	전혀 아니다	아니다	보통이다	그렇다	매우 그렇다
	1점	2점	3점	4점	5점
1. 주일과 평일이 단절되지 않고 일관성 있는 삶을 살아가고 있다.					
2. 해당 분야에서 성실함을 유지하며 자기개발에도 소홀히 하지 않는다.					
3. 일상생활 중에 자주 하나님의 임재와 섭리를 느낀다.					
4. 나보다 낮은 지위에 있는 사람들에게 관대하려고 노력한다.					
5. 내 주위 사람들에게 복음 전하는 일을 두려워하지 않는다.					
6. 최근에 내 주변에서 나로 인해 긍정적인 변화가 일어나고 있다.					

점검 내용	전혀 아니다	아니다	보통이다	그렇다	매우 그렇다
	1점	2점	3점	4점	5점
7. 주변 사람들이 자주 내게 도움과 조언을 청한다.					
8. 무슨 일을 하든지 목표 못지않게 과정과 동기를 중요시 여긴다.					
9. 다른 사람에게 약속한 일을 약속한 시간에 끝내는 성실함이 있다.					
10. 비신자들만이 있는 장소에서도 부끄러워하지 않고 떳떳하게 그리스도인임을 밝힐 수 있다.					

※ 체크를 다 했으면, 문항마다 체크한 점수를 합산합니다. 점수 합계 ( )점

점수	상태
41점 이상	신앙과 생활이 일치하게 살아가고자 노력하는 경우이다. 지속적으로 그러한 삶을 살아갈 수 있도록 격려하는 일이 필요하다. 주의할 것은 사탄이 이런 사람들에게서조차 헛점이 발견되길 노리고 있다는 것이다. 당당한 그리스도인으로서의 삶을 살아갈 때 한편으로는 거만해지지 않도록 노력해야 하며, 또 다른 한편으로는 한두 번의 실수가 있다고 해도 그로 인한 정죄감에 빠지지 않도록 해야 할 것이다.
21~40점	신앙과 생활이 일치된 삶을 살기를 원하지만 마음먹은 대로 되지 않는 것이 인생이라는 생각을 자주 하는 경우이다. 그러나 주님을 향한 믿음을 가지고 우리의 피곤한 무릎을 일으켜 세우자. 물론 인생이 우리가 마음먹은 대로 되는 것은 아니지만 그리스도인으로서의 당당함을 가지고 살아가겠다고 결심할 때 하나님께서 분명히 도우실 것이다.
20점 이하	신앙과 현실은 어차피 다른 것이라는 생각으로 투철한 사람이다. 이 교재를 통해서 하나님께서는 주일의 모습만이 아니라 우리의 삶 전체를 감찰하시며 받으시는 분이라는 것을 알게 하고, 신앙과 생활의 일치가 그리스도인에게 얼마나 중요한 것인가를 다시 한 번 가르치도록 한다.

3. 열린 예배

가. 열린 예배의 의미

미국 교회가 본격적으로 정체되기 시작했을 때 조지 헌터는 그 심각성을 이렇게 지적했습니다. "열 개 중 여덟 개에 이르는 교회의 주일 예배가 지역 주민의 문화와 동떨어져 관심을 불러 모으지 못하고 정체되거나 성도 감소 현상을 보이는 실정이다." 그래서 그 대안으로 주일에 전통적 예배와 현대적 예배를 동시에 드리는 모습이 등장했습니다.

현대적 예배는 전통적 예배와 구별되는 의미로 시대와 문화에 맞는 상황과 의식을 도입하는 예배입니다. 참여자에 따라 예배요소를 다르게 활용하는 역동적인 예배입니다. 이러한 현대적 예배의 대표적인 기획이 열린 예배, 혹은 구도자예배(seeker's service)입니다. 구도자예배는 미국의 윌로우크릭교회나 새들백교회를 중심으로 일어났습니다.

열린 예배는 단순히 예배 순서를 단순화하거나 음악을 강화시킨 예배를 뜻하는 것이 아닙니다. 예수님께서 인간의 몸을 입고 우리를 찾아오신 것처럼, 여러 언어와 문화를 접촉점으로 삼아 회중에게 접근하는 것이 열린 예배의 기본 정신입니다. 열린 예배의 종류는 크게 세 가지로 구분됩니다.

1) 비신자에게 복음을 소개하는 것을 목적으로 하는 구도자예배(고

린도전서 9:19-21)

2) 새가족들이 교회에 정착할 수 있도록 돕는 새가족예배(고린도후서 6:11-13)

3) 기존 성도들의 영적 성장을 위한 갱신예배(시편 51:16-17)

나. 성공적인 열린 예배 진행방법

새들백교회를 담임하는 릭 워렌 목사는 열린 예배를 어떻게 고안할 것인가에 대해 다음의 지침들을 제시하고 있습니다.

1) 대상을 염두에 두고 예배를 계획하기

열린 예배의 주대상은 보통 비신자입니다. 우리 교회에 참여하는 비신자가 어떤 사람들인지 분석해 보는 것도 좋습니다.

2) 예배의 진행 속도를 올리기

지루함은 회중, 특히 비신자의 마음을 짜증스럽게 만드는 원인이 됩니다. 무엇보다도 예배 순서들이 끊어짐이 없이 일사천리로 이어지도록 진행되어야 하며, 예배 전체의 템포는 상당히 빠른 속도로 진행되어야 합니다. 이를 위해서는 철저한 준비와 리허설이 있어야 합니다.

3) 전체적인 분위기를 밝게 만들기

실내장식도 메시지를 전달합니다. 호감가는 환경을 조성하도록 합니다.

4) 순서지를 간단히 만들기

전문적인 예배용어 사용을 자제하고 부연 설명을 첨부하는 것이 좋습니다.

5) 현대어로 번역된 성경을 사용하기

새가족이나 비신자들을 위해서는 개역개정성경보다 쉬운 말로 번역된 성경이 바람직합니다.

6) 예수님을 소개하고 반응을 기대하기

구원의 주권자는 하나님이십니다. 우리는 복음에 대한 접촉 기회를 제공할 뿐입니다.

7) 회중들에게 적합한 음악을 선택하기

비신자들이 이해할 수 있으면서도 신앙적으로 건전한 것이 적합합니다.

다. 대표적인 열린 예배의 순서

열린 예배를 대표적으로 진행하는 교회들의 순서는 다음과 같습니다. 순서가 정해져 있는 것이 아니지만 다음과 같은 자료를 토대로 우리 교회에 적합한 순서를 만들어 볼 수 있습니다.

<table>
<tr><th colspan="2">교회</th><th>열린 예배 순서</th></tr>
<tr><td rowspan="2">윌로우크릭교회</td><td>비신자를 위한 예배</td><td>밴드의 전주(재즈그룹, 오케스트라, 록그룹 혹은 컨츄리 밴드의 라이브 음악) – 환영의 인사 – 보컬 그룹의 음악 연주 – 드라마(이를 통한 그날의 주제에 대한 질문 제기) – 성경봉독(회중이 그 날의 주제를 인식하도록 간단한 소개와 함께) – 밴드가 곁들여진 노래 – 헌금(구도자 제외) – 메시지(60–70분간 지속되는 예배 중 30–40분 차지) – 토론 및 교제</td></tr>
<tr><td>신자들을 위한 주중 예배</td><td>전주 – 개회인사 – 경배와 찬양 – 광고 – 십일조 봉헌 – 메시지(성경공부형식) – 경배와 찬양 – 간단한 마침기도</td></tr>
<tr><td colspan="2">새들백교회</td><td>경배와 찬양 – 환영의 시간 – 함께 찬양하기 – 기도 및 성경읽기 – 특송 – 설교 및 간증 – 폐회찬양</td></tr>
</table>

참고문헌

이영훈 저, 『하나님이 기뻐하시는 교회』, 서울말씀사, 2009.

이영훈 저, 『성령이 너희에게 임하시면』, 서울말씀사, 2010.

이영훈 저, 『제자의 길』, 서울말씀사, 2010.

이영훈 저, 『십자가 순복음 신앙의 뿌리』, 서울말씀사, 2011.

이영훈 저, 『든든히 서가는 교회』, 서울말씀사, 2011.

이윤근 저, 『이렇게 예배하라』, 성광문화사, 1999.

황성철 저, 『예배학』, 대한예수교장로회총회, 1998.

그래함 켄드릭 저, 김성웅 역, 『경배』, 두란노, 1993.

로버트 웨버 저, 김지찬 역, 『예배학』, 생명의말씀사, 1994.

밥 소르기 저, 최혁 역, 『찬양으로 가슴 벅찬 예배』, 두란노, 1997.

빌 헐 저, 오수미 역, 『평범한 그리스도인의 특별한 헌신』, 디모데, 1998.

에드 답슨 저, 박혜영·김호영 역, 『열린 예배 실습보고서』, 홍성사, 1998.

저드슨 콘월 저, 배한숙 역, 『찬양』, 두란노, 1989.

죤 C. 라일 저, 지상우 역, 『예배하는 생활』, 기독교문서선교회, 1999.

탐 크라우터 저, 정민영 역, 『우리의 예배를 받으시는 12가지 이유』, 예수전도단, 1999.

추천도서

※ 추천도서는 시간이 날 때 자유롭게 읽을 수 있도록 권장합니다.

혹은 소그룹별로 독서보고서를 써서 함께 나누는 방법도 좋습니다.

탐 크라우터 저, 정민영 역, 『우리의 예배를 받으시는 12가지 이유』, 예수전도단, 1999.

MTS 예배 학교

초판 1쇄 발행 2012년 12월 28일
초판 7쇄 발행 2017년 12월 19일

지 은 이 이영훈
편 집 인 김영석
펴 낸 곳 교회성장연구소

등록번호 제 12-177호
주　　소 서울시 영등포구 은행로 59, 4층
전　　화 02-2036-7935
팩　　스 02-2036-7910
홈페이지 portal.icg21.com

ISBN 978-89-8304-200-2 04230

※ 책 가격은 뒤표지에 있습니다.
※ 잘못 만들어진 책은 바꿔 드립니다.

"무슨 일을 하든지 마음을 다하여 주께 하듯 하라" (골 3:23)

교회성장연구소는 한국 모든 교회가 건강한 교회성장을 이루어 하나님 나라에 영광을 돌리는 일꾼으로 성장하는 것을 목표로, 목회자의 사역은 물론 성도들의 영적 성장을 도울 수 있는 필독서들을 출간하고 있다. 주를 섬기는 사명감을 바탕으로 모든 사역의 시작과 끝을 기도로 임하며 사람 중심이 아닌 하나님 중심으로 경영한다. "무슨 일을 하든지 마음을 다하여 주께 하듯 하라"는 말씀을 늘 마음에 새겨 하나님이 주신 사명을 기쁨으로 감당한다.